Monika Beck M.A.

WORTSCHATZ-LERNRÄTSEL FÜR DEUTSCH ALS FREMD- SPRACHE

Rätsel und Übungen zum Wortschatz DaF A1 bis B1

Impressum

©Monika Beck

Paniersplatz 7
D-90403 Nürnberg
Germany
www.land-der-woerter.de/lernen

Alle Rechte vorbehalten

1. Auflage 2015

ISBN: 978-1508437284

Coverdesign: www.besser-mit-butter.de

Lektorat: Monica Crudeli, Bologna

Über dieses Buch

120 Seiten Rätsel für Deutsch als Fremdsprache: In 14 Sachkapiteln – Essen und Trinken, Wohnen, Arbeiten, Lernen usw. – geht es »kreuz und quer« durch den Wortschatz Deutsch. In jedem Kapitel gibt es Übungen, die bereits Anfänger lösen können (ab A1). Fortgeschrittene Lerner finden jede Menge Aufgaben, mit denen sie ihren Wortschatz wiederholen, festigen und vertiefen können.

Dieses Buch passt als Zusatz- und Ergänzungsmaterial zu jedem Kurs und zu jedem Lehrwerk. Am Ende des Buches finden Sie alle Lösungen.

Lebendiges Deutsch

Die Wörter in diesem Buch werden immer im Kontext geübt – innerhalb des Sachthemas, zu dem sie gehören, und in einem Kontext aus der Alltagssprache. Mit diesem Buch vermitteln und trainieren Sie authentisches Deutsch.

Rätsel

Lernerinnen und Lerner lieben Rätsel. Weil sie unterhaltsam sind, vor allen Dingen aber, weil ein gutes Rätsel sich selbst kontrolliert. Es gibt sofort eine Rückmeldung von der Übung selbst, und die Lernenden und können sich selbst korrigieren. Rätsel sind eine *interaktive Übungsform* – die einzige interaktive Übungsform für Papier, die ich kenne!

Das Buch als PDF

Dieses Buch gibt es auch als PDF-Download. So können Sie die Rätsel und Übungen immer wieder bequem selbst ausdrucken, z. B. für den Unterricht.

Sie finden am Ende des Buches die URL des Download-Shops und einen Rabattcode. Für einen Euro können Sie als Käufer/in dieses Buches die Dateien zusätzlich herunterladen und immer wieder einsetzen.

Soviel vorweg.

Und jetzt: Viel Vergnügen!

Dankeschön

Zuerst an meine Kursteilnehmerinnen und Kursteilnehmer natürlich, von denen ich das Unterrichten gelernt habe. Ich hoffe, ich konnte ihnen im Gegenzug ein wenig Deutsch beibringen.

Dann an Colin Silcox, für sein kluges und großzügiges Feedback zu den Aufgabentypen und zu einzelnen Kapiteln. Ohne Colin würden in diesem Buch einige Wörter fehlen, ein so nützliches wie *Eiscafé* zum Beispiel und ein so schönes wie *Feierabend*. Danke!

Das letzte Dankeschön geht an Monica Crudeli, die Lektorin dieses Buches. Sie hat mit größter Leidenschaft Tippfehler, fehlende Artikel, vergessene Lösungswörter und dergleichen gesucht (und gefunden!), und sie hat zuverlässig alle Übungen entdeckt, die zu schwer, zu leicht, nicht ganz klar oder einfach nicht gut genug waren (»das ist ein bisschen langweilig«).

Monica hat nicht nur Sorgfalt und Mühe auf dieses Buch verwendet, sondern auch Herzblut hineingegossen. Alles, was jetzt noch nicht passt, geht auf mein Konto.

Danke!

INHALTSVERZEICHNIS

ESSEN & TRINKEN

»Grünzeug« ist nicht immer grün: Gemüse

Elf Gemüsesorten, aber hier **fhln d Vkl**. Alle Konsonanten sind da. Beispiel: Bhnn =
Bohnen. ↓ findet ihr das Lösungswort – ein Gericht mit Gemüse. Guten Appetit!

1 Die Grk

2 die Tmtn (Plural)

3 die Mhrn (Pl.)

4 der Krbs

5 die rbsn (Pl.)

6 die Krtffln (Pl.)

7 die/der Pprk

8 der Spnt

9 die Plz (Pl.)

10 die Zwbln (Pl.)

11 der Lch

Zum Wohl!

Hier gibt es → und ↓ zehn Dinge, die man trinken kann.

```
W A S S E R E S X
K Y A Y W W E I N
A P D B I K S M A
F Z C I K A K A O
F M T E P L U B A
E G E R G I C H B
E J E B I M O L J
M I L C H O L X O
A P F E L S A F T
```

der _____   die _____

der _____   die/das _____

der _____   das _____

der _____   das _____

der _____

die _____

Guten Appetit!

In den **fett gedruckten** Wörtern sind die Buchstaben durcheinandergeraten (Beispiel: **Brettu** = Butter). Wie heißen diese Wörter richtig?

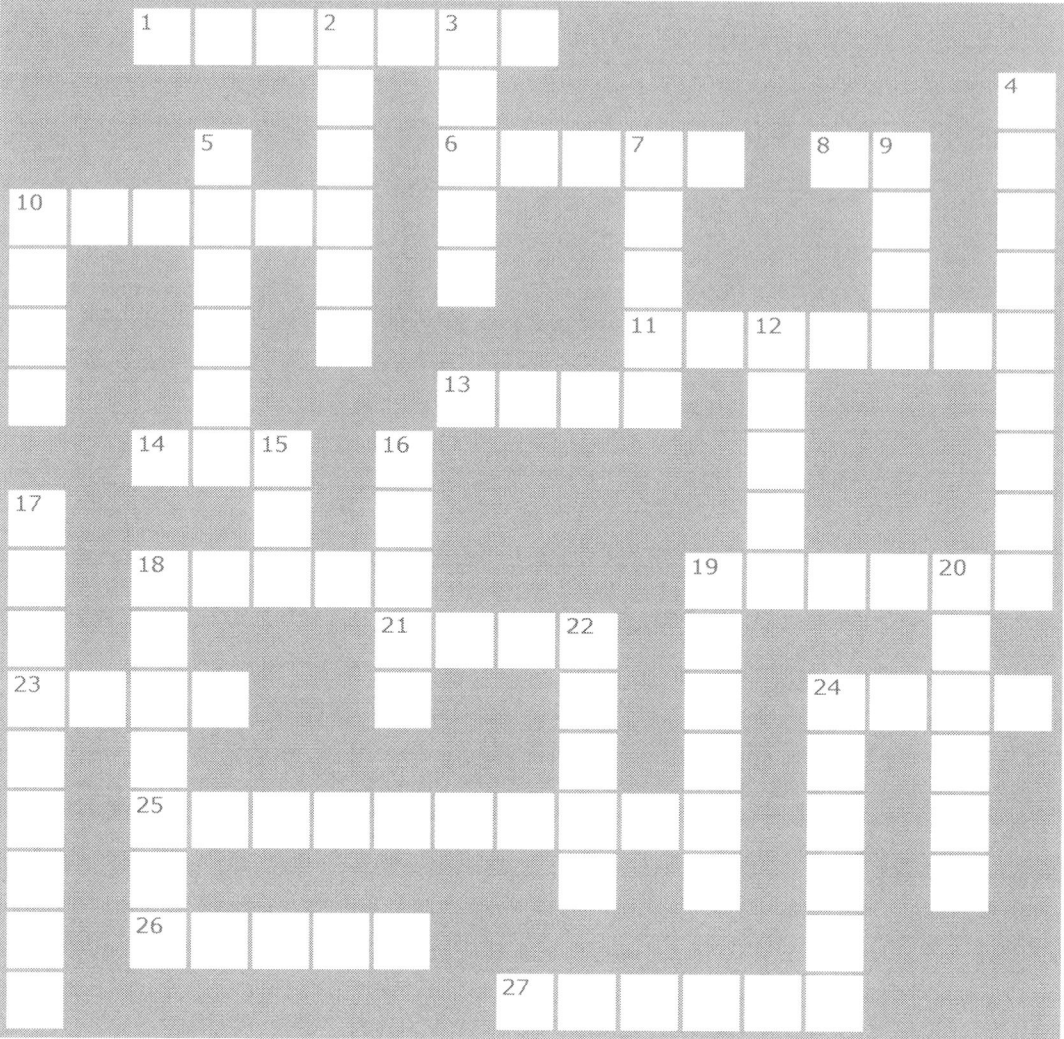

Waagrecht

1 Bitte noch ein Glas **Ornneag**saft!

6 Für mich bitte ein Bier und eine Hühner**seupp**.

8 Die Auberginen und die Paprika schmecken sehr gut, hast du die in Butter angebraten? – Nein, dafür musst du ein gutes **lö** nehmen, am besten Oliven**lö**.

10 Magst du einen Apfel ins Müsli? Oder lieber eine **Baaenn**?

11 Was ist denn in der Nachspeise drin? Das ist sehr lecker. – Ich denke, **Zeinort**. Fruchtig, und ein bisschen sauer.

13 Süß: In einem einzigen Glas **Cloa** sind angeblich acht bis neun Stück Zucker drin!

14 Noch eine Tasse **ete**?

18 Nein, danke. Ich weiß, **Fhcis** ist sehr gesund, aber ich mag trotzdem keinen **Fhcis**. Überhaupt nicht!

19 Danke, ich mag kein **Geüems**. Ein ordentliches Stück Fleisch ist mir lieber.

21 Das wichtigste Nahrungsmittel in den meisten Ländern in Asien ist der **Ries**.

23 Was ist los, schmeckt dir der Saft nicht? – Nein, nicht so, er ist mir zu süß. Ich glaube, ich bestelle ein **Brei**.

24 Ich trinke nicht so viel Alkohol. Höchstens mal ein Glas **Weni**, am liebsten italienischen Roten.

25 Auch nicht gesund, aber lecker: **Schkooadel**. Mmmh!

26 Süß und lecker auf einem frischen Brötchen, läuft einem aber gern über die Finger: **Hgion**.

27 Nimmst du Milch und **Zcekru** in den Kaffee?

Senkrecht

2 Ich mag keine Pommes. Könnte ich das Schnitzel bitte mit **Ndelnu** haben? – Schnitzel mit **Ndelnu**? Ist das nicht ein bisschen trocken? Vielleicht Kartoffelsalat dazu? – Nein. Bitte **Ndelnu**.

3 Das ist aber eine leckere Salatsoße, was hast du da reingetan? – Das ist einfach eine Vinaigrette. – Bitte? – Eine Salatsoße aus **Egiss** und Öl.

4 Mmmh, lecker: Ein frisches Brötchen mit Butter und selbstgemachter Erdbeer**mameradel**!

5 Noch eine Tasse **Kafefe**?

7 Nicht schon wieder **Paizz**! – Pech für dich. Die Kinder haben gesagt, sie möchten **Paizz** – also gibt es **Paizz**.

9 Ein großes Bier bitte, einen Apfelsaft und für die Kinder ein Glas **Lomi**.

10 Probier mal diesen Ziegenkäse. Den hab ich auf dem Bauernmarkt gekauft. Und hier, frisches Weiß**torb** dazu. Lecker, oder?

12 Ich sollte nicht so viel Süßes essen, ich weiß, aber... gib mir bitte noch ein Stückchen **Teort**. Die ist wirklich sehr gut.

15 Was gibt's zum Nachtisch? **Esi**?

16 Magst du auch eine **Meröh**? – Ähh, danke. So gesund muss es für mich nicht sein. Ich bin kein Hase.

17 Was isst du denn da? Einen **Hambegrru**? Na, du lebst ja gesund!

18 Danke, ich esse kein **Fcehils**. In meiner Familie sind alle Vegetarier.

19 Ein klassisches deutsches Gericht: Ein Kotelett mit Kartoffeln und **Gekurn**salat.

20 **Spntia** ist angeblich sehr gut für Kinder, aber Kinder mögen ihn meistens nicht. Sie spucken ihn dann wieder aus – eine Riesensauerei in Grün.

22 Viel Hunger habe ich nicht. Ich glaube, ich nehme nur einen kleinen **Stala**.

24 Wein? Nein, danke. Vielleicht später. Ich habe Durst, erstmal ein großes Glas **Waerss** bitte!

Zehn wichtige Lebensmittel

Hier sind → neun wichtige Nahrungsmittel versteckt, ↓ in der grauen Spalte findet ihr ein zehntes. Ihr müsst die Buchstaben aus dem grauen Kasten an der richtigen Stelle eintragen und die Wortgrenzen finden. Die »Eier« haben wir schon markiert.

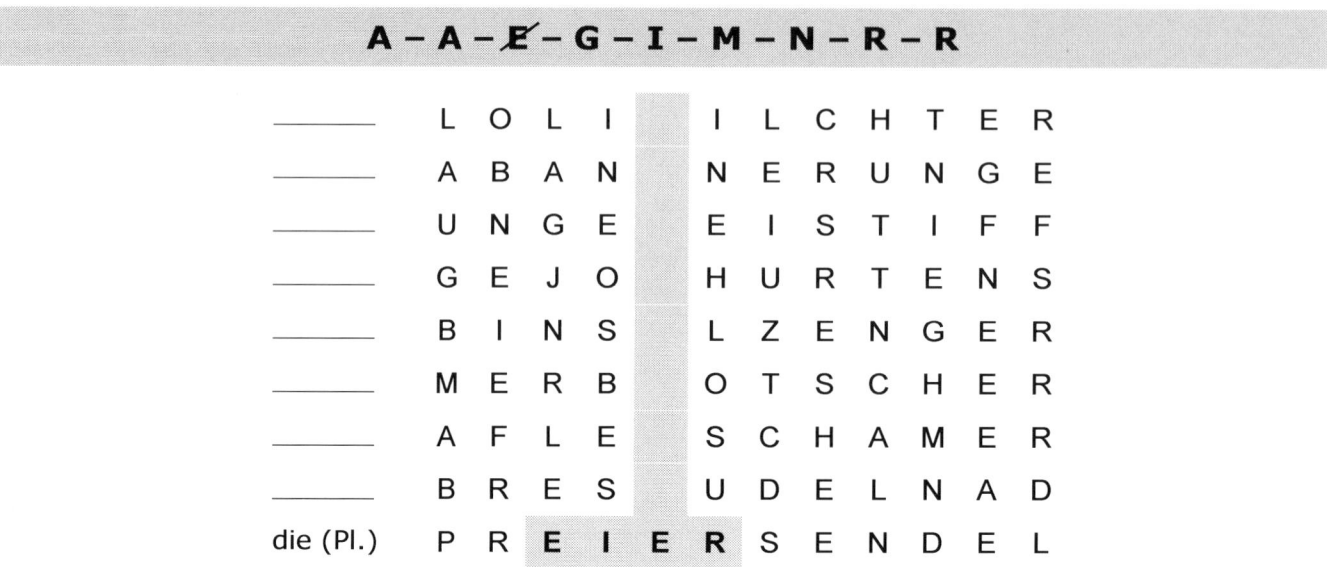

A – A – E – G – I – M – N – R – R

_____	L	O	L	I		I	L	C	H	T	E	R
_____	A	B	A	N		N	E	R	U	N	G	E
_____	U	N	G	E		E	I	S	T	I	F	F
_____	G	E	J	O		H	U	R	T	E	N	S
_____	B	I	N	S		L	Z	E	N	G	E	R
_____	M	E	R	B		O	T	S	C	H	E	R
_____	A	F	L	E		S	C	H	A	M	E	R
_____	B	R	E	S		U	D	E	L	N	A	D
die (Pl.)	P	R	**E**	**I**	**E**	**R**	S	E	N	D	E	L

Süßes

Bitte baut die Wörter aus den Teilen wieder zusammen. Jedes Wort hat eine Trennung.

Bon | bons | chen | Eis | Ku | kaffee | lade | lade | Marme | Schoko | te | Tor

Hinweis	Lösung
Sehr erfrischend und lecker an einem heißen Sommertag:	[1] _ _ _ _ _ [8]
Sie sind klein, man kann sie lutschen, manche helfen gegen Husten oder Halsschmerzen (Pl.).	_ _ _ [4] _ [9] _
Lecker zum Frühstück, auf dem Brot oder auf dem Brötchen:	_ _ [7] _ _ _ [3] _
Den ◆ gibt es nachmittags zum Kaffee.	_ _ _ _ [5] _
Sehr süß, sehr fett, sehr viel Zucker und Sahne. Nicht gesund, aber… lecker.	_ [2] _ _ _
◆ kann man essen, trinken und in vielen, vielen anderen Süßigkeiten verwenden. Wer liebt sie nicht?	_ _ _ _ _ _ _ _ [6]

Lösungswort: Auch süß, aber gesund (Pl.):

1	2	3	4	5	6	7	8	9

Frühstück ist fertig!

In diesem Kreuzworträtsel findet ihr Dinge, die man zum Frühstück isst und trinkt, oder die man auf dem Frühstückstisch vorfindet.

Viel Vergnügen!

Waagrecht (→)

1 Fett, aber lecker: Ein knusprig frisches Brötchen mit ◆ und Marmelade. Oder mit ◆ und 7 →!

3 Mit einem ◆ streicht man die Marmelade auf's Brötchen.

6 Brot, frisch geröstet. Ein englisches Wort (und eine englische Erfindung), aber wir essen in Deutschland auch gerne ◆.

7 Süß und gesund, jedenfalls gesünder als Marmelade. Aber er läuft gern vom Brötchen runter, und er klebt an den Fingern. Die Bienen produzieren ihn.

9 Für den Tee oder den Kaffee stellt man kein Glas, sondern eine ◆ auf den Frühstückstisch.

11 Ein Glas Apfel- oder Orangen◆ gehört zu jedem ordentlichen Frühstück.

12 Ebenso braucht man für ein gesundes Frühstück einen Apfel oder eine Banane, oder vielleicht eine Birne oder ein paar Weintrauben... jedenfalls ein wenig ◆.

14 Das Brot oder das Brötchen legt man nicht direkt auf den Tisch, sondern auf einen ◆.

15 Wurst schon zum Frühstück, das mag nicht jeder. Ein Stückchen ◆ schon eher.

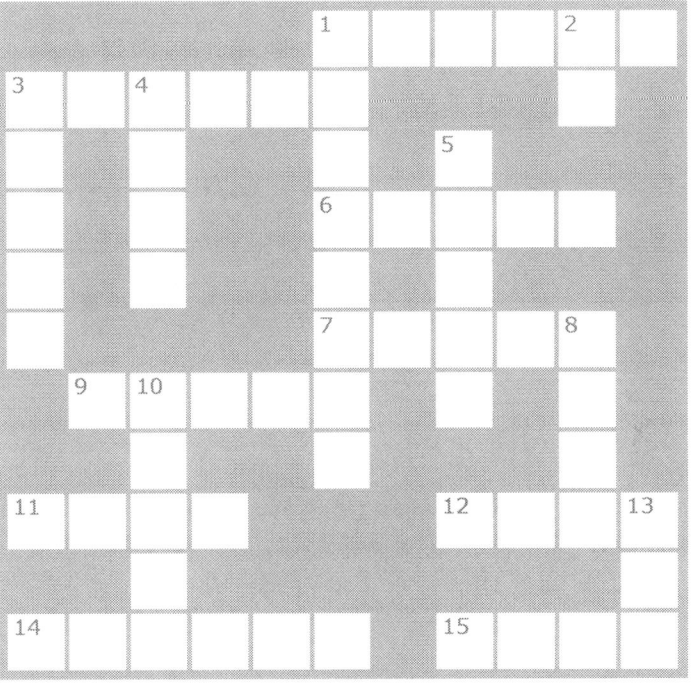

Senkrecht (↓)

1 Es gibt sie beim Bäcker jeden Morgen frisch in vielen Varianten und mit vielen verschiedenen Namen, man kann Butter, Wurst, Käse, Marmelade, Honig und zwanzig andere Sachen drauftun. Hauptsache, sie sind frisch und knusprig!

2 Das Weiße muss fest sein und das Gelbe noch weich: Das perfekte 4-Minuten-Frühstücks-◆.

3 Käse, Joghurt und Butter sind alle aus ◆ gemacht.

4 Gib mir doch mal bitte das ◆ rüber, für mein Ei.

5 Kaffee oder Tee stellt man in einer ◆ auf den Tisch, und jeder kann sich selbst einschenken.

8 Daraus trinkt man Wasser, Milch oder Saft.

10 Bei »Obst« denken wohl die meisten Leute in Deutschland zuerst an einen ◆.

13 Wer keinen Kaffee mag, trinkt zum Frühstück meistens ◆ oder Kakao.

Obst und Früchte

Findet ihr hier ➔ und ⬇ 15 Obstsorten? Alle Wörter sind im Plural.

```
Ä P Ä S H Ä Q N B A N A N E N K E H Y I X
C X J J S P W E I N T R A U B E N I L K P
X D B ß Ä F P Z N A S Q R M Ü K D M Q I Ö
B R O M B E E R E N Z Q X A N N Ü B T R Ä
I J Ü N R L X O R A N G E N M I D E J S C
R X D P G K I W I S N K Ä G O E S E V C ß
N E K T A R I N E N X G S O Y U I R G H Ö
E R D B E E R E N P F I R S I C H E Ü E O
N T Y Z O Ü Q C A F H L Z I T R O N E N P
```

...und nochmal Obst und Früchte

Waagrecht

2 Aus ◆ (Pl.) kann man Wein machen, aber man kann sie auch essen oder den Saft trinken.

6 Sie sind gelb und sehr sauer.

7 Das in Deutschland beliebteste Obst wächst hier bei uns gar nicht - die ◆ (Pl.). Es sind Südfrüchte, länglich, gelb und krumm.

9 ◆ (Pl.) wachsen bei uns sehr gut und sind auch sehr beliebt, auch als Saft und für Kuchen und Gebäck.

10 ◆ sind sehr klein und rot und wachsen auf Bäumen. Man kann mit ◆ sehr leckere Kuchen backen, und der Saft ist auch beliebt.

Senkrecht

1 ◆ kommen (ursprünglich) aus Neuseeland. Deshalb nennt man im Spaß auch die Neuseeländer so!

3 ◆ wachsen bei uns in Deutschland auf Bäumen. Sie sind etwa so groß wie Äpfel, aber sie sind unten dicker als oben am Stiel.

4 Lecker: Schoko-Eis, Vanille-Eis und natürlich – unser liebstes Fruchteis – ◆eis.

5 Am liebsten trinken wir in Deutschland übrigens nicht Apfelsaft, sondern ◆saft.

8 Diese Frucht ist sehr groß, sie kann über ein Kilo wiegen. Innen ist sie gelb und sehr saftig.

Quiz: Die Deutschen und ihr Essen

Was essen eigentlich die Deutschen? Wie essen sie?
Die Buchstaben zu den richtigen Antworten ergeben das **Lösungswort**; Antworten und Erklärungen findet ihr im Lösungsteil. Viel Spaß beim Raten!

		richtig	falsch
(1)	Die beliebteste Sorte Fleisch in Deutschland ist das Lammfleisch. Fast jeden Sonntag kommt in einer traditionellen Familie Lammbraten auf den Tisch, mit Sauerkraut und Klößen.	S	A
(2)	Statistisch isst jeder Deutsche im Lauf seines Lebens über tausend Tiere: Unter anderem 4 Rinder, 4 Schafe, 12 Gänse, 37 Enten, 46 Schweine und über 900 Hähnchen oder Hühner.	P	C
(3)	Mittags in der Kantine (=Restaurant in der Firma) essen die Deutschen am liebsten paniertes Schnitzel mit Kartoffelsalat und Gurkensalat.	H	F
(4)	84 Prozent der Deutschen sagen, dass sie gerne Bratkartoffeln essen. Kartoffelpüree ist auch beliebt.	E	M
(5)	Erdbeersoße ist eine Soße aus Erdbeeren.	L	O
(6)	Nudelsoße ist eine Soße aus Nudeln.	A	S
(7)	Käsekuchen ist eine Art Pizza mit Käse oben drauf, die deutsche Variante von »Pizza quattro formaggi«.	P	T
(8)	Männer essen in Deutschland doppelt so viel Fleisch wie Frauen.	R	O
(9)	In Deutschland isst man zum Wein gerne Zwiebelkuchen. Das ist ein sehr süßer, saftiger Kuchen, man nimmt etwa 1 Kilo Zwiebeln und 500 Gramm Zucker auf 500 Gramm Mehl.	N	U
(10)	Ein frisches Ei, in der Pfanne gebraten, nennt man »Spiegelei«. Das essen wir in Deutschland gern mit Salzkartoffeln und Spinat.	D	S
(11)	90 Prozent der Familien in Deutschland machen ihr Sauerkraut selbst. Die ganze Familie hilft mit beim Schneiden und Einsalzen; das ist genau so wichtig wie das gemeinsame Plätzchenbacken vor Weihnachten, vielleicht noch wichtiger.	O	E
(12)	In Bayern gibt es das »Weißwurstfrühstück«. Zu einem Weißwurstfrühstück gehören vor allem frische, heiße Weißwürste, dazu gibt es süßen Senf, Brezen und ein Weißbier (Weizenbier).	L	R

Lösungswort: Nach so viel Fleisch eine traditionelle Süßspeise. Dazu gibt es Vanille-Eis und Sahne. Guten Appetit!

Lieblingswörter

Hier könnt ihr Wörter und Redewendungen notieren, die ihr euch merken möchtet. Alles, was ihr interessant, wichtig oder vielleicht lustig oder schwierig findet.

Ihr könnt eine Liste schreiben oder eine Mindmap malen. Oder eure eigene Methode finden.

Lösungen auf Seite 129.

IN DER STADT

19 Wörter ➔ und ⬇ für Orte in der Stadt.

```
J S U P E R M A R K T T Ü F X H X V K V O
U P Ö B R B R F M Z Ü Ä Ü S T A D I O N N
Ü O E D E I M B I S S B U D E L S N Q M U
ß R Y I S E K I N O T W Ö M G L A R F Ö B
E T U C T R N D E Ä T N M U S E U M Ö B Ä
L P W T A G E M Ü S E L A D E N H O F E C
Ä L V Z U A I Ä Ö I S K G Y Q B U C W L K
C A F É R R P I E I S C A F É A L Ü E H E
K T H E A T E R W M C D K O Z D H ß F A R
V Z T Z N E V K T Z H S U B O U T I Q U E
Z L F I T N E S S S T U D I O Q L K W S I
```

Hier kann man einkaufen:

im _____

im _____

im _____

in der _____

in der _____

Hier kann man Sport machen oder beim Sport zusehen:

im _____

im _____

im _____

auf dem _____

Hier kann etwas essen und trinken:

im _____

im _____

im _____

im _____

in der _____

an der _____

Hier gibt es Kunst, Kultur und Unterhaltung:

im _____

im _____

im _____

im _____

Wohin geht man, wenn man...

1 ...Geld abheben oder einzahlen muss und man das nicht am Geldautomaten erledigen kann?

2 ...das Auto abstellen möchte?

3 ...den Kindern lebende Affen, Löwen und Krokodile zeigen will?

4 ...Benzin für's Auto braucht?

5 ...als Tourist in der Stadt ist und ein Zimmer für die Nacht braucht?

6 ...zehn verschiedene Dinge kaufen muss und nicht in zehn verschiedene Läden laufen möchte?

7 ...den neuesten Film von Fatih Akin sehen möchte?

8 ...mit Freunden ein Bier trinken will?

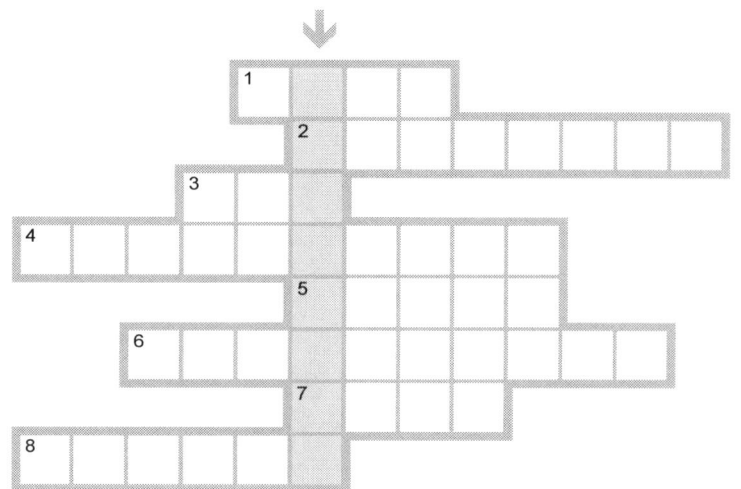

Lösungswort: Es ist gut, dass es sie gibt, aber eigentlich ist es viel besser, man muss hier nicht einkaufen!

Busse, Bahnen, Fahrpläne – der »öffentliche Nahverkehr«

Zwölf Wörter ➜ und ⬇.

```
A Q B U S W W ß S T R A ß E N B A H N N J
K F A H R K A R T E G L Ä K Ü Ä N E Z N R
H M H A L T E S T E L L E T N I K D U T R
L I N I E P U E E V E R S P Ä T U N G O G
D N H R O C X ß E F I W L A W D N Ö B Ö A
Ü E O A B F A H R T S Z E I T O F W U F ß
Q O F A H R P L A N J H Ö N G Ü T Q Z K W
```

der _____   die _____   die _____

der _____   die _____   die _____

der _____   die _____   die _____

der _____   die _____   das _____

Stadtwörter-Quiz

Die Stadt, in der sich die Regierung eines Landes befindet (z. B. für Deutschland Berlin), nennt man

☐ Großstadt
☐ Hauptstadt

Wie kommen wir über den Fluss? Wir haben kein Boot. Aber da vorne ist ja zum Glück eine

☐ Brücke
☐ Ampel

Eine Gemeinde, in der fünfhundert Menschen leben, ist keine Stadt. Eine Stadt muss schon ein bisschen größer sein und auch ein paar Läden, Geschäfte und vielleicht Ämter und Behörden haben. Ein kleiner Ort mit ein paar hundert Menschen heißt

☐ Burg
☐ Dorf

Eine kleine, enge, oft auch alte und krumme Straße heißt

☐ Gasse
☐ Allee

Viele Städte in Deutschland haben einen historischen Stadtkern. Dieser Kern, oft heute noch das Zentrum, heißt

☐ Altstadt
☐ Vorstadt

Ein hohes, schlankes Gebäude. Wenn man Glück hat, kann man hinaufsteigen. Dann kann man von ganz hoch oben auf die Stadt runtergucken und hat einen tollen Überblick.

☐ Kirchturm
☐ Stadtmauer

Eine öffentliche Grünfläche. Blumenbeete, Bäume, Wege, Rasenflächen, oft auch einen Grillplatz, einen Spielplatz oder eine Spielwiese für alle gibt es im

☐ Garten
☐ Park

Fahrradfahrer sollten möglichst nicht auf der Straße fahren (dort sind die Autos). Für Fahrräder gibt es oft einen eigenen

☐ Radweg
☐ Gehweg

Rätselschnecke: Sehenswürdigkeiten in der Stadt

Hier müsst ihr auch von unten nach oben und von rechts nach links lesen. In der Rätselschnecke findet ihr acht Sehenswürdigkeiten. Ihr dürft nach oben, unten, rechts und links gehen (↓→↑←), aber nicht diagonal.

Alle Buchstaben werden verwendet, aber jeder nur ein einziges Mal. Wir haben mit dem »Rathaus« schon mal angefangen. Der letzte Buchstabe des letzten Wortes ist das »T« im Kreis.

R	E	D	E	N	Z	Z
M	S	I	(T)	L	A	O
U	E	R	S	A	P	O
U	S	A	T	H	A	U
M	K	N	E	D	N	S
T	M	A	L	N	E	B
K	R	A	M	N	U	R

Wo kriegt man was?

In den **teft** gedruckten Wörtern sind die Buchstaben durcheinandergeraten. Bitte entwirren und die Wörter richtig ins Rätsel eintragen!

Rüber

1 Ich möchte meine Wohnung renovieren. Ich brauche Wandfarbe, Tapeten, Nägel, Schrauben und Werkzeug. Das alles und noch viel mehr bekommt man im **Brautkam**.

6 Brot, Brötchen, Gebäck und Kuchen gibt's beim **Beräck**.

7 Fleisch und Wurst kaufe ich beim **Megertz**.

8 Einen Strauß Rosen für meine Liebste bekomme ich im **Bumeln**laden.

10 Medikamente gibt es in der **Akthoepe**.

11 Wir brauchen einen neuen Wohnzimmertisch. Den bekommen wir im **Mauselböh**.

Runter

1 Immer nur das Zeug aus den billigen Klamottenläden? Ich will mal ein richtig schickes Kleid. Kennst du eine gute **Biquetou**, wo es auch ausgefallene Sachen gibt?

2 Benzin für's Auto kriegt man an der **Testknalle**.

3 Muss man jedes Buch, das man lesen möchte, selber kaufen? Wirklich nicht, Bücher kann man auch in einer öffentlichen **Brechüie** ausleihen.

4 Haushaltswaren, Putzmittel, Körperpflege-Artikel, Parfüms und Kosmetika findet man in der **Derigore**.

5 Ein Geschenk für meine vierjährige Nichte bekomme ich im **Slipewarne**laden. Eine Puppe vielleicht, oder doch lieber Bauklötzchen?

7 Frisches Obst und Gemüse von den Bauern aus der Region gibt es samstags auf dem Bauern**kartm**.

9 Äpfel, Tomaten, Kartoffeln und Salat kaufe ich am liebsten samstags beim **Güseem**stand hier um die Ecke. Dort ist es immer am frischesten, und es schmeckt gut.

Lösungswort: (Fast) alles, was man jeden Tag so braucht, vor allem Lebensmittel, bekommt man außerdem im

1	2	3	4	5	6	7	8	9	10

Mit öffentlichen Verkehrsmitteln unterwegs

Aus den einzelnen Teilen muss man hier die Wörter wieder richtig zusammenbauen. Bei Substantiven (und nur bei Substantiven) ist der erste Buchstabe eines Wortes immer großgeschrieben. Alle Wortteile sind alphabetisch sortiert.

Auto | bahn | bus | Fahr | ge | Halte | hen | Li | lich | mat | Nacht | nie | plan | pünkt | Rich | steigen | stelle | Straßen | tung | um

»Gibt es denn von München nach Dresden keine direkte Verbindung?« – »Nein, tut mir leid, einmal müssen Sie immer ◆, entweder in Nürnberg oder in Leipzig.«	▯▮▯▯▯▯▯▯
»Kann ich beim U-Bahn-Fahrer einen Fahrschein kaufen?« – »Nein, aber da drüben ist ein ◆. Haben Sie Kleingeld?	▯▯▮▯▯▯
»Welcher Bus fährt denn zum Zoo bitte?« – »Zum Tiergarten? Das ist die ◆ 9, gleich da drüben.«	▯▮▯▯
»U-Bahn fahre ich nicht so gern. Ich nehme lieber die ◆, da sieht man wenigstens was von der Stadt.«	▯▯▮▯▯▯▯▯▯
»Waaas??? Die letzte U-Bahn fährt schon kurz nach Mitternacht, soll das ein Witz sein?« – »Na ja, es gibt einen ◆, der fährt zwar nur jede Stunde, aber besser als nichts.«	▯▯▯▯▮▯▯▯
»Ich suche den 46er Bus ins Stadtzentrum…« – »Der 46er hält da drüben. Die ◆ ist um die Ecke.«	▯▯▯▯▯▮▯▯▯▯
»Hoffentlich hat die U-Bahn nicht auch noch Verspätung.« – »Ich denke nicht. Straßenbahnen und Busse, hm, aber die U-Bahnen sind meistens ◆.«	▯▯▯▮▯▯▯
»So, und wann kommt der Bus jetzt?« – »Sieh doch einfach nach. Dort drüben hängt doch ein ◆.«	▮▯▮▯▯▯▯
»Entschuldigen Sie, ich glaube, ich bin in der falschen U-Bahn. Zum Rathenauplatz…« – »Die Linie ist schon richtig, aber Sie fahren in die falsche ◆. Sie müssen aussteigen und wieder zurückfahren.«	▯▯▯▯▮▯▯▯
»Was, 40 Minuten auf den Bus warten? Komm, lass uns zu Fuß ◆, es ist doch nur ein Kilometer.«	▮▯▯▯

Die Buchstaben in den grauen Kästchen ergeben von oben nach unten das **Lösungswort**.

Wenn man regelmäßig die gleiche Strecke fährt, z. B. zur Arbeit oder zur Uni, werden Einzelfahrscheine sehr schnell sehr teuer. Dann löst man besser eine ◆.

Orte, Institutionen, Organisationen in der Stadt

Waagrecht

3 In jeder größeren Stadt gibt es natürlich auch Studenten. Der Ort, wo sie lernen, heißt ◆ (Abkürzung).

6 Grün in der Stadt? Aber natürlich. Hier kann man spazierengehen, Ball spielen, grillen oder einfach nur auf der Wiese liegen.

7 Religion? Ist für manche Menschen sehr wichtig. In größeren Städten gibt es Menschen aus aller Herren Länder und aller Glaubensrichtungen. Muslime z.B. beten in einer ◆.

8 Im ◆ sind die Büros der Stadtverwaltung. Hier findet man den Bürgermeister, den Stadtrat und meist auch einige oder alle Ämter.

10 Kein Ort, sondern eine Organisation. Sie kommt, wenn es brennt (sie kommt sprichwörtlich schnell; wenn jemand etwas sehr schnell erledigt, sagt man im Scherz: Mensch, du bist ja schnell wie die ◆!)

11 Tasche weg, Ausweis geklaut? Das musst du anzeigen. Da vorne ist eine ◆station, dort kannst du Anzeige erstatten. Aber ob die ◆ da was machen kann...

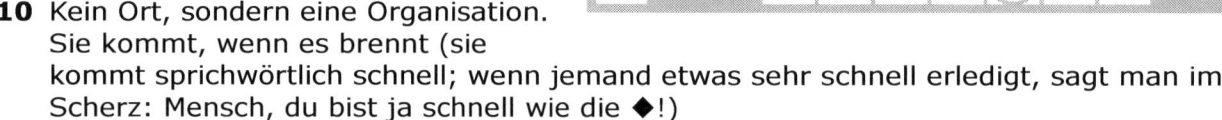

Senkrecht

1 Samstag Abend richtig abtanzen in der ◆ (Abkürzung) mit Musik aus den 80ern und DJ Rogo!

2 Nicht jede Stadt hat einen Flughafen, aber die meisten Städte in Deutschland, auch kleinere, haben einen ◆. Mit dem Zug kommt man also fast überall hin.

4 Kaufen und verkaufen unter freiem Himmel: Ein ◆ ist meist nur an bestimmten Tagen oder zu einer bestimmten Zeit da, man kauft an Buden oder Ständen, die sich schnell aufbauen und wieder abbauen lassen. Denkt z.B. an einen Bauern◆, Handwerker◆, Töpfer◆ oder natürlich Weihnachts◆.

5 Wie Kino, nur: Hier sind die Schauspieler wirklich im Raum, nicht nur auf der Leinwand.

6 Innenstädte sind meist sehr dicht bebaut, Parkplätze sind nicht so leicht zu finden; im ◆ kostet das Parken zwar ein paar Euro, aber dafür findet man dort meistens einen Platz.

7 Ein bisschen Kultur? Eine Ausstellung über ein bestimmtes Thema vielleicht... schau mal, der Reiseführer sagt, in dieser Stadt gibt es ein Naturkunde◆, ein Spielwaren◆, ein Eisenbahn◆, ein Technik◆ und sogar ein Brauerei◆. Was interessiert dich?

9 Nochmal Religion: Christen gehen am Sonntag in die ◆, und eine große alte ◆ oder Kathedrale ist ja oft auch ein sehr beeindruckendes Bauwerk!

Lösungswort: Ein anderes Wort für Stadtmitte:

1	2	3	4	5	6	7

In der Stadt: Wiederholung

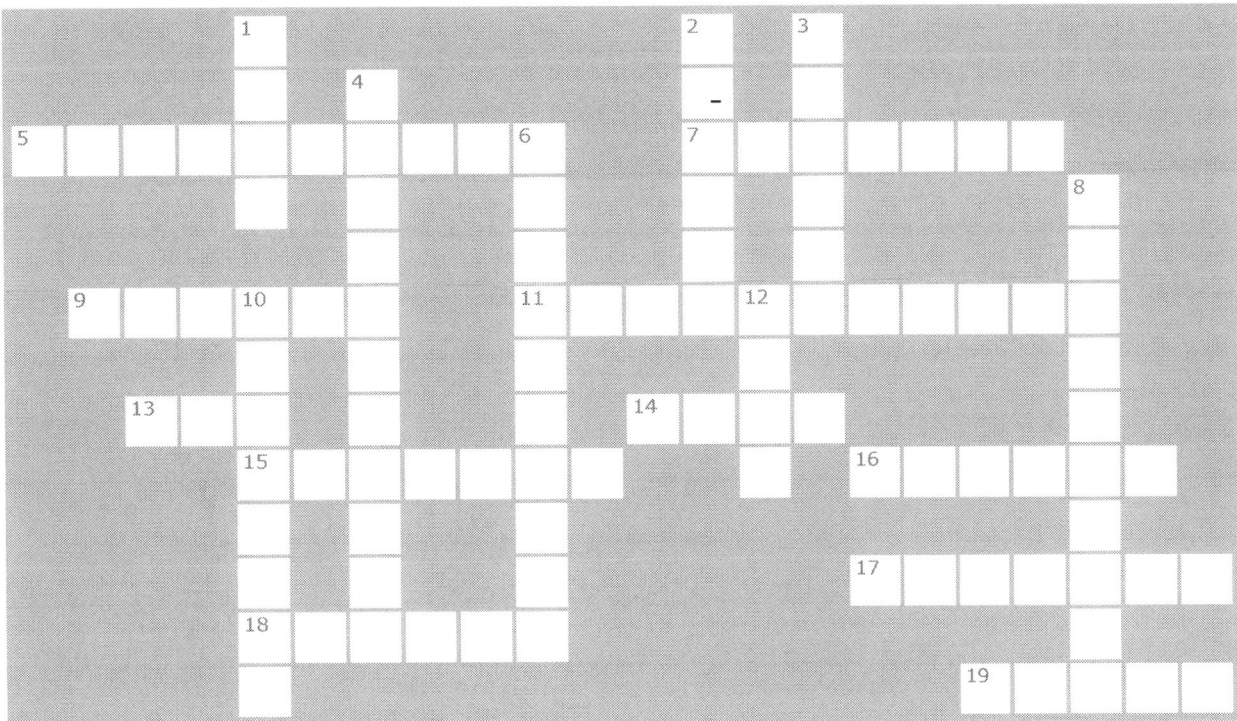

Waagrecht

5 Ein großer Laden, vor allem für Lebensmittel

7 Wer mit dem Zug wegfahren will, fragt: »Entschuldigung, wo geht's denn hier bitte zum ◆?«

9 Autos, Busse und Motorräder fahren nicht auf dem Gehweg, sondern auf der ◆.

11 Wenn man ernsthaft krank ist, z. B. eine Operation braucht, muss man ins ◆.

13 Familien mit Kindern gehen gern in den ◆. Hier gibt es viele exotische Tiere.

14 Geld abheben kann man bei der ◆.

15 Wie Kino, aber mit echten Menschen

16 Wer etwas über Geschichte, Kunst & Kultur hören und sehen will, ist im ◆ richtig.

17 Espresso, Cappuccino, oder ein Eis?

18 »Kommst du mit ein Bier trinken? Hier vorne kenne ich eine nette ◆, da können wir hingehen.«

19 Hier können Touristen übernachten.

Senkrecht

1 Grün in der Stadt: Hier kann man spazieren gehen, Ball spielen und (manchmal) grillen.

2 Diese Bahn fährt unter der Erde.

3 Mit drei Jahren gehen die meisten Kinder in den Kindergarten, und mit sechs kommen sie in die ◆.

4 »Entschuldigen Sie, fährt hier die Buslinie 36?« – »Ja, sehen Sie, da vorne ist die ◆, da können Sie einsteigen.«

6 Wenn das Auto Benzin oder Diesel braucht, fährt man zur ◆.

8 Hier kann man nicht nur etwas trinken, sondern auch etwas essen.

10 Hier kann man Medikamente kaufen.

12 Filme anschauen kann man im ◆.

Lieblingswörter

Hier könnt ihr Wörter und Redewendungen notieren, die ihr euch merken möchtet. Alles, was ihr interessant, wichtig oder vielleicht lustig oder schwierig findet.

Ihr könnt eine Liste schreiben oder eine Mindmap malen. Oder eure eigene Methode finden.

Lösungen auf Seite 131.

KLEIDER MACHEN LEUTE

Hier suchen wir lauter Dinge, die man anziehen kann – Kleidungsstücke also. Nr d Vkl fhln. Kn Prblm, dr?

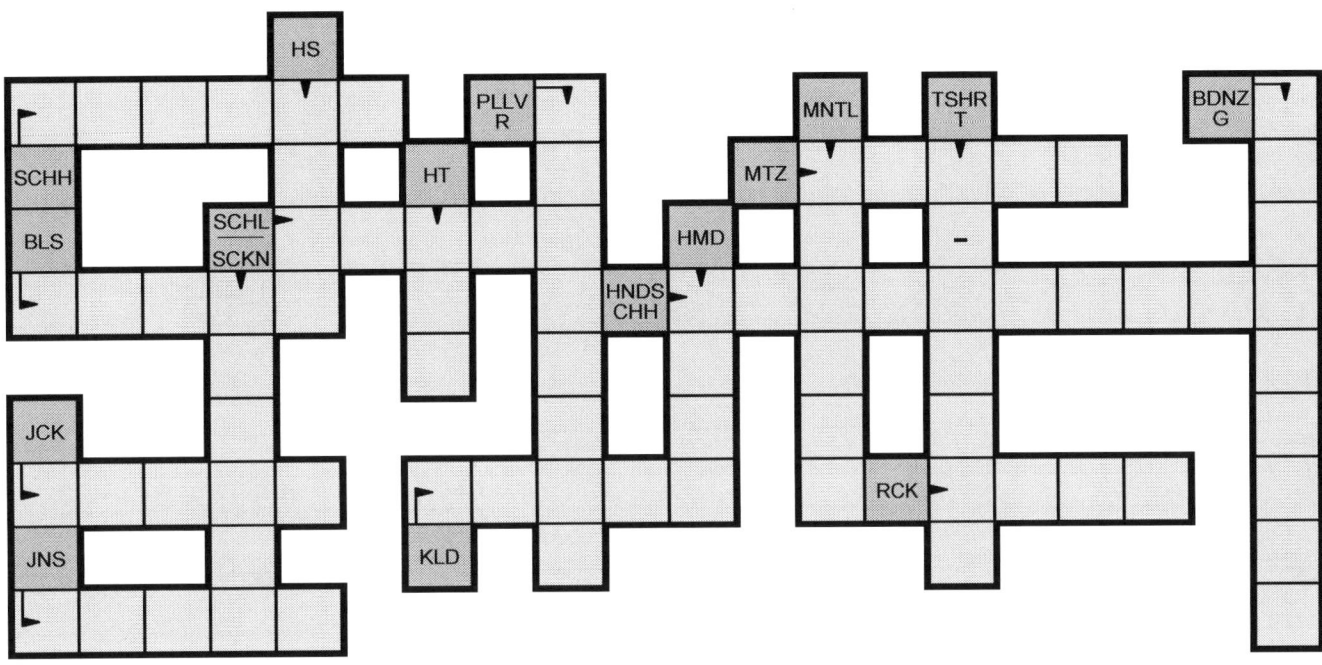

Die wichtigsten Kleidungsstücke

Ein kurzes Rätsel mit den wichtigsten Wörtern für Kleidungsstücke. Als Lösungswort suchen wir hier ein elegantes, eher formelles Kleidungsstück für die Dame.

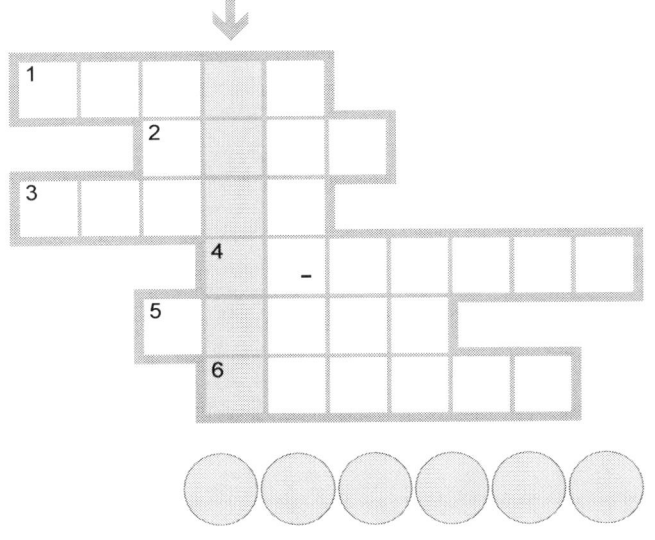

1 Es ist kalt draußen, zieh deine ◆ an.

2 Kann eine Frau eine Hose tragen? Klar. Aber ein Mann einen ◆?

3 Für den Herrn das Hemd, für die Dame die ◆.

4 Für die Freizeit, nicht so oft für's Büro: Zur Jeans passt das ◆ (engl. Wort).

5 Handschuhe für die Hände, einen Schal für den Hals, für den Kopf eine ◆.

6 Im Winter hat man draußen gern einen schönen warmen ◆ an.

Kleider – und wie sie sein können

In den **fett gedruckten** Wörtern sind die Buchstaben durcheinandergeraten (Beispiel: **trubet** = Butter). In diesem Rätsel ist auch der erste Buchstabe mit untergemischt, deshalb sind auch Substantive nicht großgeschrieben!

Waagrecht

2 Schau dir das an. Dieses **-hirstt** habe ich ein einziges Mal gewaschen, und es schaut aus wie ein Putzlappen!

5 Wir beurteilen Menschen nach dem, was sie anhaben… **deikler** machen Leute?

6 Sag schon, wo ist das Problem? Wo drückt der **husch**?

9 Neue Jacke? Wirklich sehr **schühb**. Steht dir gut, finde ich.

10 Ich muss mir für den Winter einen neuen **tleman** kaufen, aber wenn sie schön sind, sind sie auch teuer.

11 Eines der großen Rätsel der Welt: Was haben Frauen eigentlich immer in ihrer **haschtande**? Und wieso brauchen Männer keine?

13 Diese Schuhe gefallen mir sehr gut, aber das Paar hier ist ein bisschen zu klein. Haben Sie die auch noch eine **murmen** größer?

16 Und, hast du die Hose gekauft, die dir neulich so gut gefallen hat? – Nein, das war blöd von mir, ich habe zu lange gewartet. Jetzt haben sie die richtige **erögß** nicht mehr.

17 Willst du nicht deine **acejk** mitnehmen? Es wird bestimmt kühl heute Abend.

Senkrecht

1 Das ist aber ein schöner **lupil**. Ist der so warm, wie er aussieht?

3 Ein tolles T-Shirt. Blau **hetst** dir einfach. Es passt so gut zu deinen Augen.

4 Eine ganz normale **aejns**, was soll die kosten? 140 Euro? Wie bitte?

6 He, was ist denn mit deiner Jacke passiert? Schau mal, hier, die ist ja total **muschgitz**. Wie hast du das gemacht?

7 Sehr schöner Pullover, den du da anhast. Sieht warm aus; ist der aus echter **lowel**?

8 Also, entscheide dich. Wie sollen deine Schuhe sein: Bequem? Oder vor allem schick und **omrend**?

11 An deinem **mdeh** fehlt ein Knopf – oder bist du mit Absicht so offenherzig?

12 Hm, ich weiß nicht. Eine grüne **ehos** zu dem lila Pullover… Findest du, das passt zusammen? – Wieso nicht? Grün steht mir doch, oder?

14 Wie spät ist es eigentlich? – Ich weiß auch nicht, ich hab auch keine **ruh**.

15 Schau mal: Ich hab mir einen neuen **cork** gekauft. Schick, nicht?

Was man sonst noch so braucht

Ihr müsst die Wörter aus den Teilen wieder zusammenbauen. Kleine Hilfe: Der erste Buchstabe eines Wortes ist immer großgeschrieben.

Hosen | Knopf | loch | Regen | Reiß | schirm | socken | tasche | Unter | verschluss | wäsche | Woll

Sag mal, hast du eigentlich keinen Geldbeutel? – Nö. Ich hab mein Geld immer lose in der ◆.

Unterhosen, Unterhemden, BH und dergleichen – was man eben unter der Kleidung trägt – heißen zusammen ◆.

Was hilft gegen kalte Füße?

Macht es dir denn nichts aus, dass du nass wirst? – Doch, aber ich hab meinen ◆ in der U-Bahn stehen lassen. Ich weiß nicht, wie oft mir das schon passiert ist :-(

Jeder Knopf braucht ein ◆, sonst nützt er nicht viel.

So gut wie jede Hose hat außer einem Knopf auch noch einen ◆, damit man sie zumachen kann. Viele andere Kleidungsstücke – und viele andere Dinge! – haben auch einen.

Das **Lösungswort** ist ein anderes Wort für Krawatte:

1	2	3	4	5	6	7

Rätselschnecke: acht Kleidungsstücke im Plural

E	L	A	N	S	P	U
T	J	E	(E)	H	S	L
N	Ä	M	T	Ü	I	L
D	E	N	R	Ö	C	K
M	E	H	S	O	H	E
P	F	E	E	N	E	B
M	Ü	R	T	S	D	A

Hier findet ihr acht Kleidungsstücke im Plural (ihr habt ja wahrscheinlich mehr als einen Pullover im Schrank, oder?)

In der Rätselschnecke müsst ihr manchmal auch von unten nach oben und von rechts nach links lesen. Ihr dürft nach oben, unten, rechts und links gehen (↓→↑←), aber niemals diagonal.

Alle Buchstaben werden verwendet, jeder nur ein Mal. Wir haben den Anfang des ersten Wortes markiert. Die Wortschlange endet in dem »E« im Kreis.

Aussuchen und anprobieren – in der Umkleidekabine

Achtung: In diesem Rätsel kommt ein Wort **zweimal** vor!

Waagrecht

4 Moment. Wenn die Hose zu eng ist, bringe ich Ihnen eine ◆ größer.

5 Schöner Pulli, aber vielleicht ein bisschen zu ◆ für die Jahreszeit. Ich suche etwas für's Büro. – Aber das hier ist ganz dünne Baumwolle, fühlen Sie mal, ganz leicht! Darin schwitzen Sie garantiert nicht.

7 Zu dieser Hose können Sie alles ◆, ein T-Shirt genauso wie ein schickes Leinenblüschen. Damit können Sie praktisch alles kombinieren.

9 Diese Bluse ist schön leicht und luftig; was ist das denn für ein ◆, ist das Baumwolle? – Baumwolle mit Leinen. Ein tolles Material, ideal für den Sommer.

11 Und, ◆ die Hose? – Leider nein. Sie ist mir zu eng. Ich kriege den Knopf nicht zu.

12 Sie möchten das Kleid anprobieren? Gern, die ◆ sind da hinten.

13 Die Jacke ist sehr schön, aber ein bisschen arg ◆. Da sieht man ja den allerkleinsten Fleck. Haben Sie sie auch in Dunkelgrau? Oder vielleicht in Schwarz?

Senkrecht

1 Oh, Sie sind hier bei den Herren gelandet. Die ◆abteilung ist im ersten Stock. Dort finden Sie auch unsere Leinenblusen.

2 Also das Kleid ◆ Ihnen fantastisch! Wie für Sie gemacht. Und wie perfekt es sitzt. Nehmen Sie es?

3 Ich möchte diese Hose hier ◆. Ich habe Sie für meinen Mann gekauft, aber sie passt ihm nicht. – Kein Problem. Haben Sie den Kassenbon? Ah, danke. Nehmen Sie eine andere Hose, oder möchten Sie Ihr Geld zurück?

6 Wirklich eine schöne Bluse, und sie ◆ so gut zu Ihrem Rock. Das sieht richtig schick aus zusammen.

8 Ja, die Bluse ist Ihnen zu weit, das stimmt. Aber es gibt leider nur diese ◆; es ist eine Einheits◆. – Schade. Dann muss ich weiterschauen.

10 Haben Sie das Hemd noch in einer anderen ◆, in Blau vielleicht? Lila kann ich wirklich nicht tragen.

Das **Lösungswort** könnte auch die Überschrift für dieses Rätsel sein, denn darum geht es hier. Ihr müsst allerdings die Buchstaben sortieren. ◯◯◯◯

Wie kann ein Kleidungsstück sein?

Hier gibt es → und ↓ zwölf Wörter dafür, wie Kleidungsstücke sein können.

```
E M O Ä G S N W M Y Ö X L K L W X
E O K K O H L A J B W B E Q U E M
Ö D U N K E L R M S C H I C K I X
I E ß J A L T M O D I S C H ß T K
D R R Ü E L E G A N T P H ß G I R
E N G M Q D Ö G S P O R T L I C H
```

_____   _____   _____

_____   _____   _____

_____   _____   _____

_____   _____   _____

Ein Stück Stoff, um das es Streit gibt

Als Lösungswort suchen wir hier ↓ ein Kleidungsstück, um das es in Deutschland (und in anderen westlichen Ländern) immer wieder politischen Streit gibt.

1 Sie ist kürzer als ein Mantel.

2 Ein sehr kurzer Rock ist ein ◆.

3 Ein ◆ ist ähnlich wie eine Socke, er kann aber auch länger sein, z. B. bis zum Knie gehen.

4 Das Material, aus dem Kleidungsstücke sind, z. B. Leinen, Baumwolle etc.

5 Hohe, feste Schuhe

6 Für die Dame das Kostüm und für den Herrn der ◆.

7 Er hält den Hals warm und sieht (meistens) schick aus.

8 Beim Schwimmen trägt die Dame den Badeanzug und der Herr die ◆.

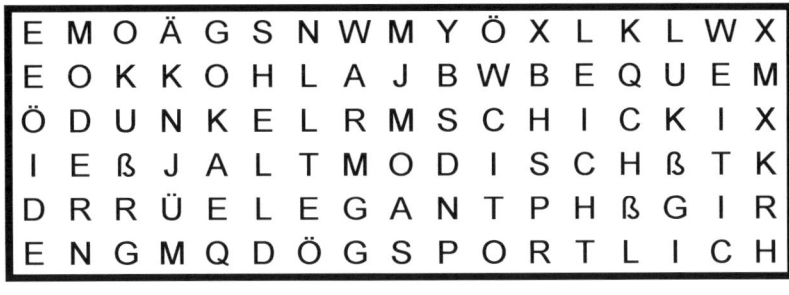

Klamotten

Waagrecht

1 Wenn ein Kleidungsstück ◆ ist, muss es in die Waschmaschine.

4 In vielen Ländern der Welt gehen viele Menschen »barfuß« (mit nackten Füßen), aber im deutschen Klima braucht man ◆.

6 Wenn der Pullover oder das Kleid zu klein ist, muss man eine ◆ größer anprobieren.

9 Männerbekleidung für die Beine, auch bei Frauen sehr beliebt.

10 Frauen haben ihre »sieben Sachen« normalerweise in der ◆. Wo haben eigentlich die Männer ihre? In den Hosentaschen?

11 Eine Hose hat zwei (Hosen-) Beine. Ein Hemd, eine Bluse, eine Jacke haben aber nicht zwei Arme, sondern zwei ◆.

13 Der Schrank für Kleidung heißt ◆schrank, obwohl natürlich auch Hosen, Hemden und Jacken drinhängen.

14 Meist sagt man gar nicht Pullover, sondern kurz ◆.

Senkrecht

1 Siehe 1➔: Frisch gewaschen ist das Kleidungsstück dann wieder ◆.

2 Sie zeigt die Zeit, aber sie ist oft auch Schmuck.

3 Die klassische Freizeit-**9**➔; eine amerikanische Erfindung.

5 Ein Stück Freizeitkleidung für den Oberkörper; v.a. im Sommer trägt es praktisch jede/r.

7 Im Winter braucht man in Deutschland eine warme Jacke oder einen warmen ◆.

8 Auch in Schuhen geht man normalerweise nicht barfuß; außer im Sommer, in Sandalen oder Badelatschen. Man trägt normalerweise Strümpfe oder ◆.

9 Ein Kleidungsstück für Männer für den Oberkörper.

12 Einen ◆ tragen in Europa nur Frauen.

13 Klein, aber wichtig: Wenn man den ◆ an der Hose verloren hat, hat man ein Problem; die Hose rutscht nämlich!

Lösungswort:
Wenn man nass oder schmutzig geworden ist, muss man sich

1	2	3	4	5	6	7	8

.

Das letzte Hemd hat keine...

Es gibt sehr, sehr viele Redewendungen und Sprichwörter mit Kleidungsstücken. Ein paar besonders schöne und interessante lernt ihr hier kennen. Ihr müsst das richtige Wort finden und den Buchstaben dazu in die Tabelle eintragen; dann könnt ihr von oben nach unten lesen, was das letzte Hemd **nicht** hat.

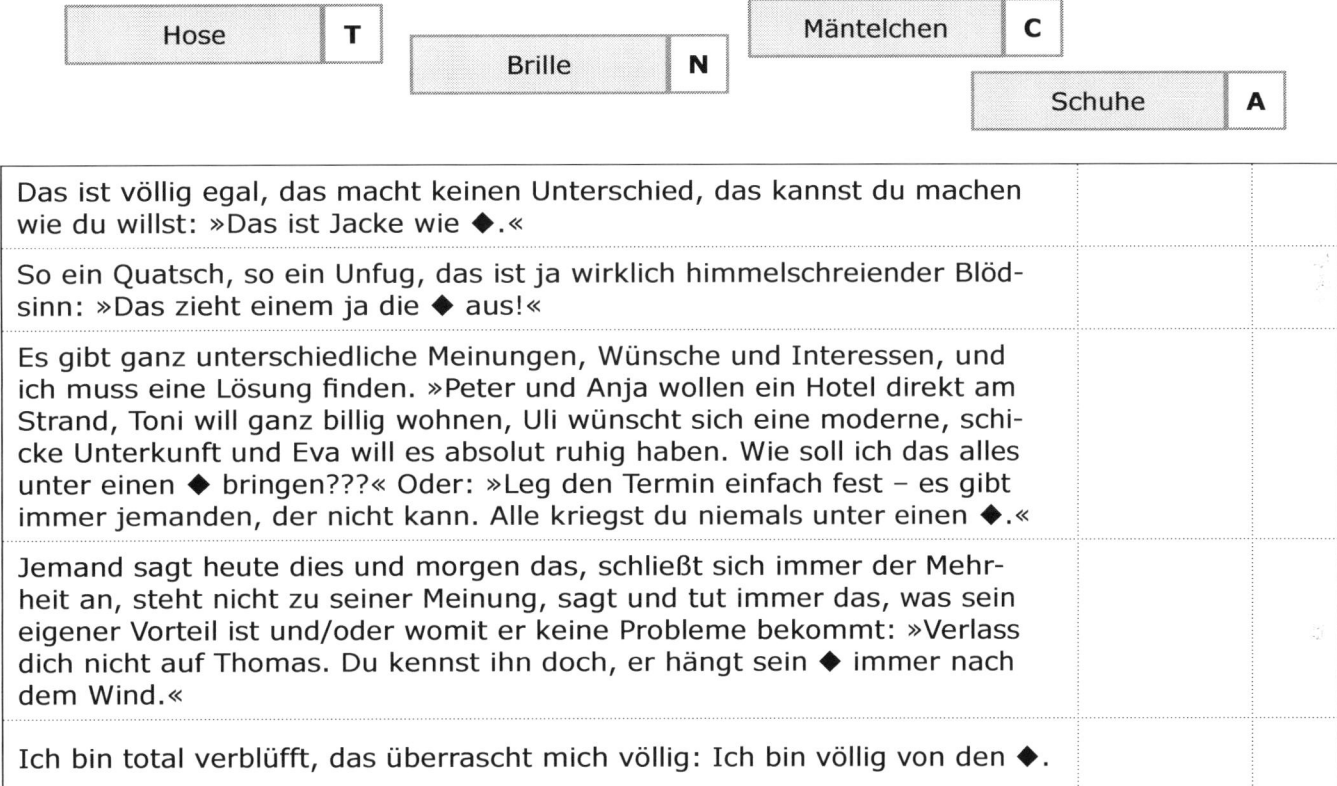

Weste	E		Hut	S		Socken	H
Hose	T		Brille	N		Mäntelchen	C
						Schuhe	A

Das ist völlig egal, das macht keinen Unterschied, das kannst du machen wie du willst: »Das ist Jacke wie ◆.«		
So ein Quatsch, so ein Unfug, das ist ja wirklich himmelschreiender Blödsinn: »Das zieht einem ja die ◆ aus!«		
Es gibt ganz unterschiedliche Meinungen, Wünsche und Interessen, und ich muss eine Lösung finden. »Peter und Anja wollen ein Hotel direkt am Strand, Toni will ganz billig wohnen, Uli wünscht sich eine moderne, schicke Unterkunft und Eva will es absolut ruhig haben. Wie soll ich das alles unter einen ◆ bringen???« Oder: »Leg den Termin einfach fest – es gibt immer jemanden, der nicht kann. Alle kriegst du niemals unter einen ◆.«		
Jemand sagt heute dies und morgen das, schließt sich immer der Mehrheit an, steht nicht zu seiner Meinung, sagt und tut immer das, was sein eigener Vorteil ist und/oder womit er keine Probleme bekommt: »Verlass dich nicht auf Thomas. Du kennst ihn doch, er hängt sein ◆ immer nach dem Wind.«		
Ich bin total verblüfft, das überrascht mich völlig: Ich bin völlig von den ◆.		
Jemand ist unschuldig; zumindest kann man ihm nichts nachweisen: »In unserer Firma gibt es gerade einen Korruptionsskandal, aber unsere Abteilung betrifft das nicht. Wir haben alle eine weiße ◆.«		
Wer verliebt ist, der sieht die ganze Welt durch eine rosarote ◆.		

Nun – was hat das letzte Hemd nicht? Und was bedeutet dieses Sprichwort?

Ihr könnt es im Lösungsteil nachlesen, aber wahrscheinlich habt ihr es erraten!

Lieblingswörter

Hier könnt ihr Wörter und Redewendungen notieren, die ihr euch merken möchtet. Alles, was ihr interessant, wichtig oder vielleicht lustig oder schwierig findet.

Ihr könnt eine Liste schreiben oder eine Mindmap malen. Oder eure eigene Methode finden.

Lösungen auf Seite 132.

WOHNEN

1 In diesem Raum steht (normalerweise) das Bett.

2 Ein anderes Wort für Klo, WC

3 Man wohnt doch in der ganzen Wohnung, wieso gibt es dann ein Zimmer, das speziell »◆« heißt?

4 Sehr komfortabel. Diese Wohnung hat ein extra Zimmer zum Essen, das ◆.

5 Hinauf zum ersten Stock oder hinunter in den Keller führt keine Leiter, sondern eine ◆.

6 Hier stehen Herd, Kühlschrank und Spüle; hier kochen wir.

7 Von hier aus geht eine Tür in jedes Zimmer.

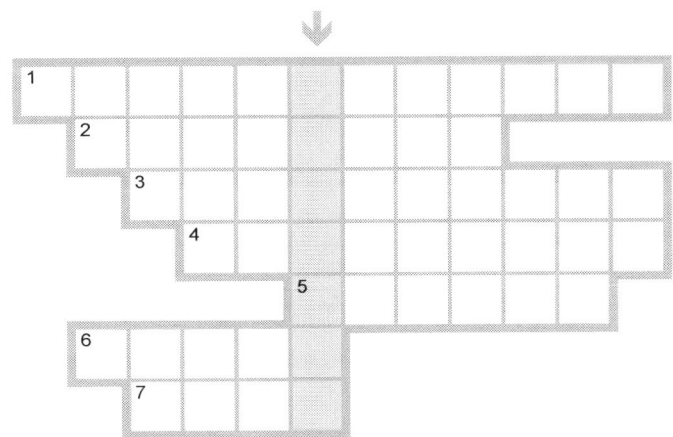

Lösung: Zu jeder Wohnung, zu jedem Haus und Büro gehören natürlich auch ◆.

Möbel & Dinge in der Wohnung

Hier fehlen die Vokale. Kn Prblm, dr?

Waagrecht

1 das Bld

5 das Wschbckn

8 der Tsch

9 der Sssl

11 das Rgl

12 das Btt

13 der Khlschrnk

14 die Blmn (Pl.)

15 der Hrd

16 der Spgl

Senkrecht

2 die Dsch

3 die Lmp

4 der Schrnk

6 das Sf

7 die Bdwnn

8 der Tppch

9 der Sthl

10 die Spl

Und, wie gefällt euch eure neue Wohnung?

In den **teft** gedruckten Wörtern sind die Buchstaben durcheinandergeraten. Wo ein Großbuchstabe am Wortanfang steht, steht er richtig. Bei allen anderen Wörtern **kann** der erste Buchstabe richtig sein, **muss** aber nicht.

Waagrecht

5 Was habt ihr denn für eine **Heginuz** in eurer neuen Wohnung? Gas?

6 Das Schönste an meiner neuen Wohnung ist der **Blonka**. Ich freue mich schon auf das Frühjahr, dann kann ich Blumen und Kräuter pflanzen.

7 Weißt du, was mir an unserer neuen Wohnung am besten gefällt? Sie hat eine riesengroße **Kceüh**, wie für eine richtige Großfamilie. Wir sitzen hier viel öfter als im Wohnzimmer.

9 Das ist das Problem mit einem hellen **Tehpcip**; gestern abend hat jemand ein Glas Rotwein draufgekippt. Wie kriegt man Rotweinflecken wieder weg?

10 Unsere Wohnung wird frei; wir haben uns ein eigenes kleines **ahus** gekauft.

11 Die **Tlettieo** heißt auch kurz »Klo« oder »WC«.

14 Das Auto steht nicht auf der Straße, sondern in der **Grgaae**.

16 Ist es immer so dunkel bei euch? – Du siehst doch, wir sind frisch eingezogen, wir haben noch gar kein **Lctih** in der Wohnung.

17 Ein uraltes Häuschen: Alle Fußböden und Wände sind krumm und schief, und die **Fernets** sind nicht mehr dicht; es zieht…

18 Na toll. Gerade hab ich die **rtü** hinter mir zugemacht, und mein Hausschlüssel liegt drinnen auf dem Küchentisch.

20 Unsere neue Wohnung ist im Erdgeschoss, und das beste daran: Vor dem Haus ist ein kleiner **Gretan**.

21 Ich habe keine eigene Wohnung, nur ein **Zmemir** im Studentenwohnheim.

22 Warum bist du denn so nervös, was suchst du denn die ganze Zeit in deinen Taschen? – Meinen Wohnungs-**Scehllssü**! Ich hab ihn doch in diese Tasche hier gesteckt, ich bin ganz sicher. Wo ist er bloß?

Senkrecht

1 Wie sehe ich aus? Das verrät mir der **Spliege**.

2 Holst du mir noch ein Bier? – Schatz, der Weg zum **Kachhklnrsü** ist für dich nicht weiter als für mich. Wie wäre es, wenn du selber aufstehen würdest?

3 Hmm, ich weiß nicht. Das **nowh**zimmer ist zwar schön groß, aber es ist auch sehr dunkel, hier kommt überhaupt keine Sonne rein. Ich glaube nicht, dass ich die Wohnung haben will.

4 Die Wohnung hat kein richtiges Bad, nur eine kleine **Dshcue**. Aber das reicht mir eigentlich.

8 Kannst du mal bitte das Fenster **zacehmnu**, ich finde, es wird langsam kalt hier drin.

10 Die Wohnung ist klein, aber sie ist schön **lehl**, ab elf Uhr habe ich den ganzen Tag Sonne.

11 Ich bin umgezogen. Hast du eigentlich meine neue **Tenlofe**nummer? – Ich hab doch deine Handynummer, dein Handy hast du doch eh immer an, oder?

12 Und, nehmt ihr die Wohnung? – Nein, ich glaube nicht. Sie ist billig, aber sie **legit** an einer Straße mit sehr viel Verkehr, und ziemlich dunkel ist sie auch.

13 Also, mir reicht's für heute. Ich geh ins **tebt**.

15 Deine **Srmto**rechnung solltest du aber bald mal zahlen; irgendwann stellen sie dir den **Srmto** ab, dann hast du ein Problem.

19 Habt ihr eigentlich die Wohnung genommen in der Heinemannstraße? – Nein, doch nicht. Die Wohnung ist schön, aber die **Meeit** war uns dann doch zu hoch: Fast achthundert Euro für drei Zimmer, das können wir uns nicht leisten.

Dinge in der Wohnung/Helfer im Haushalt

Waagrecht

2 Schnell mal einen Teller Suppe heiß machen in der ◆.

5 Er brummt und macht den Staub weg.

8 Leider keine Zeit, mich gemütlich in die Badewanne zu legen; ich geh nur schnell unter die ◆.

9 Schlafen kann man praktisch überall, aber am bequemsten ist es doch im ◆.

10 Er hängt vor dem Fenster. Deshalb heißt er ja so.

12 Es heißt auch Couch und ist hoffentlich bequem.

14 Hier kann man was rein- oder draufstellen, Bücher zum Beispiel.

15 Ein technisches Gerät. Man braucht es zum Arbeiten, aber auch zum Surfen im Internet.

17 Ob Geschirr◆, Kleider◆ oder Bücher◆: Er ist immer dafür da, dass man etwas weg- und aufräumen kann.

18 Sie macht das schmutzige Geschirr sauber.

21 Wie spät ist es eigentlich? Habt ihr keine ◆ in der Wohnung?

23 Hier kann ich mich selber sehen. Sehe ich auch ordentlich aus?

24 Zum Händewaschen und Zähneputzen gehe ich nicht in die Badewanne, sondern ans ◆.

25 An der Wand hängt ein buntes ◆ (ein echter Picasso? Na klar!).

Senkrecht

1 Das ◆ klingelt. Gehst du mal ran?

3 Sie hilft bei schmutziger Wäsche.

4 Ein bisschen Grün in der Wohnung muss auch sein; am Fenster steht eine Topf◆.

6 Er hält Essen und Getränke frisch.

7 Beim Essen sitzt man meistens nicht auf dem Sofa, sondern auf einem ◆.

11 Er heißt auch Glotze, Flimmerkiste, TV…

13 Aufstehen, der ◆ klingelt!

16 Er liegt auf dem Fußboden (nein, nicht der Hund!). Dann ist der Fußboden nicht so kalt und hart.

19 Dunkel im Zimmer? Mach die ◆ an.

20 Wer vor dem Fernseher einschläft, sitzt meistens gemütlich in einem Fernseh◆.

22 Auf ihm kann man kochen.

Wo wohnen diese Leute?

Ihr müsst die Wörter aus den Teilen wieder zusammenbauen. Der erste Buchstabe eines Wortes ist immer großgeschrieben.

Alt | bau | haus | Ho | Hoch | Miet | Studenten | tel | wohnung | wohnheim

Ich wohne im 18. Stock. Komm mich mal besuchen, die Aussicht ist fantastisch. Oder hast du Höhenangst? Dann fühlst du dich bei mir nicht so wohl, fürchte ich.	
Unser Häuschen ist von 1934, klein, hübsch, ruhig, mit Gärtchen, und wir haben es in den letzten Jahren von Grund auf renoviert. Viele Leute wollen einen Neubau, aber wir nicht. Wir fühlen uns wohl in unserem gemütlichen alten Häuschen.	
Mir gefällt es hier. Es gibt hier viele junge Leute aus der ganzen Welt, wir haben Gemeinschaftsräume und eine gemeinsame Küche. Hier ist immer was los, und man findet schnell Kontakt.	
Wir haben kein eigenes Haus. Wir haben vier Zimmer mit Balkon, mitten in der Stadt, die U-Bahn ist praktisch vor der Haustür. Und wir brauchen kein Auto; das ist auch gut. Dafür zahlen wir aber auch fast 1000 Euro im Monat, ohne Nebenkosten.	
Ich lebe überhaupt nicht hier, ich mache hier nur einen Kurzurlaub. Das ist aber teuer, ich zahle fast 90 Euro für die Nacht, mit Frühstück allerdings.	

Dinge tun in der Wohnung

Waagrecht

2 Das Fernsehprogramm ist langweilig? Lösung: Den Fernseher einfach mal ◆.

4 Im Bett kann man alles Mögliche tun, vor allem aber ◆.

5 Nach dem Frühstück Butter, Milch und Käse zurück in den Kühlschrank ◆.

6 Freunde oder Verwandte zum Essen ◆.

8 Die Krümel und den Staub mit dem Staubsauger vom Teppich ◆.

11 Auf dem Stuhl oder auf dem Sofa ◆.

12 Blumen und Topfpflanzen muss man ab und zu ◆, sonst vertrocknen sie.

Senkrecht

1 Das Telefon, der Wecker, die Türglocke: Wir verwenden für diese unterschiedlichen Geräusche das gleiche Wort, nämlich: ◆.

3 In den Spiegel ◆, um zu kontrollieren, ob die Frisur ordentlich sitzt.

4 Wäsche waschen, Geschirr ◆ (außer, man hat die entsprechende Maschine, dann muss man es nur (nur?) ein- und ausräumen).

7 Nach dem Sport möchten wohl die meisten Leute kurz ◆, um sich den Schweiß abzuwaschen.

9 Draußen kochen oder besser, braten: Anstatt das Essen in der Küche zuzubereiten, kann man im Sommer auf der Terrasse oder im Garten ◆.

10 Schmutzige Fenster muss man ◆. Schmutzige Böden, Badewannen und überhaupt fast alles andere auch. Übrigens: Manche Leute ◆ sogar richtig gerne!

Einsetzrätsel: Haus, Wohnung, wohnen, Miete...

Dieses Rätsel müsst ihr selber zusammenbauen. Aber Vorsicht: Es geht um das Thema »Wohnung/wohnen«, und wir haben Wörter hineingeschmuggelt, die gar nicht zum Thema gehören. Die dürft ihr natürlich nicht verwenden.

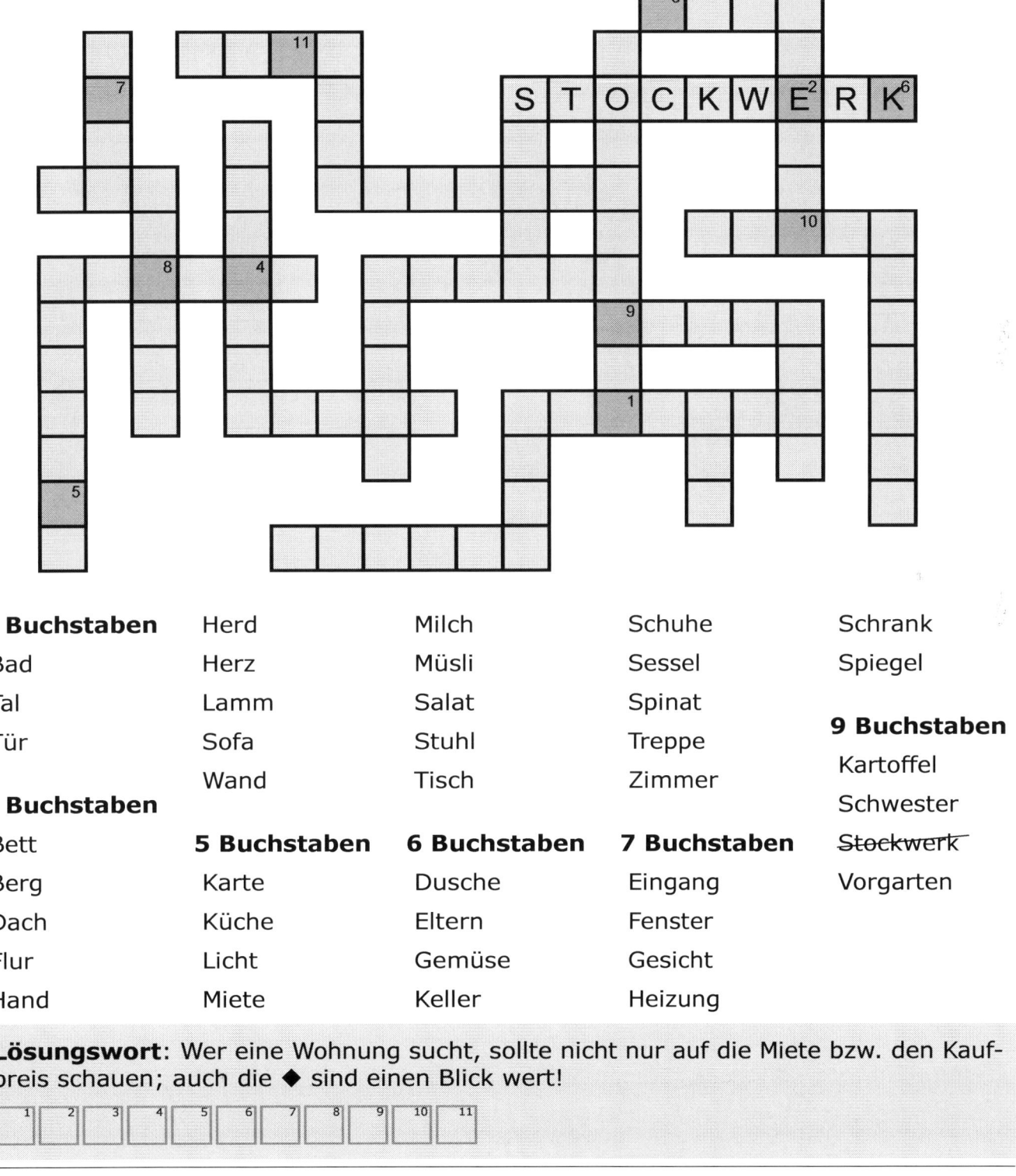

3 Buchstaben

Bad

Tal

Tür

4 Buchstaben

Bett

Berg

Dach

Flur

Hand

Herd

Herz

Lamm

Sofa

Wand

5 Buchstaben

Karte

Küche

Licht

Miete

Milch

Müsli

Salat

Stuhl

Tisch

6 Buchstaben

Dusche

Eltern

Gemüse

Keller

Schuhe

Sessel

Spinat

Treppe

Zimmer

7 Buchstaben

Eingang

Fenster

Gesicht

Heizung

Schrank

Spiegel

9 Buchstaben

Kartoffel

Schwester

~~Stockwerk~~

Vorgarten

Lösungswort: Wer eine Wohnung sucht, sollte nicht nur auf die Miete bzw. den Kaufpreis schauen; auch die ◆ sind einen Blick wert!

1	2	3	4	5	6	7	8	9	10	11

Haushaltsgeräte

Dies ist ein Doppelrätsel. Hier müsst ihr zunächst neun Haushaltsgeräte aus den Teilen wieder zusammenbauen (Wortanfänge sind großgeschrieben). Im zweiten Schritt müsst ihr alle Wörter in das Rätsel unten einbauen – und zwar jedes Wort an der richtigen Stelle.

Manche Lösungswörter sind gleich lang. Woher weiß man, welches Wort wohin gehört? Wir haben als Hilfe ein paar »E« eingetragen (aber nicht alle). Viel Spaß beim Basteln & Knobeln!

Vom Lösungswort fehlt übrigens der erste Buchstabe.

Herd | Kaffee | kocher | Kühl | ma | maschine | Mikro | Mi | ne | sauger | schi | schrank | Spül | Staub | trockner | Wäsche | Wasser | welle | xer

_____   _____   _____

_____   _____   _____

_____   _____   _____

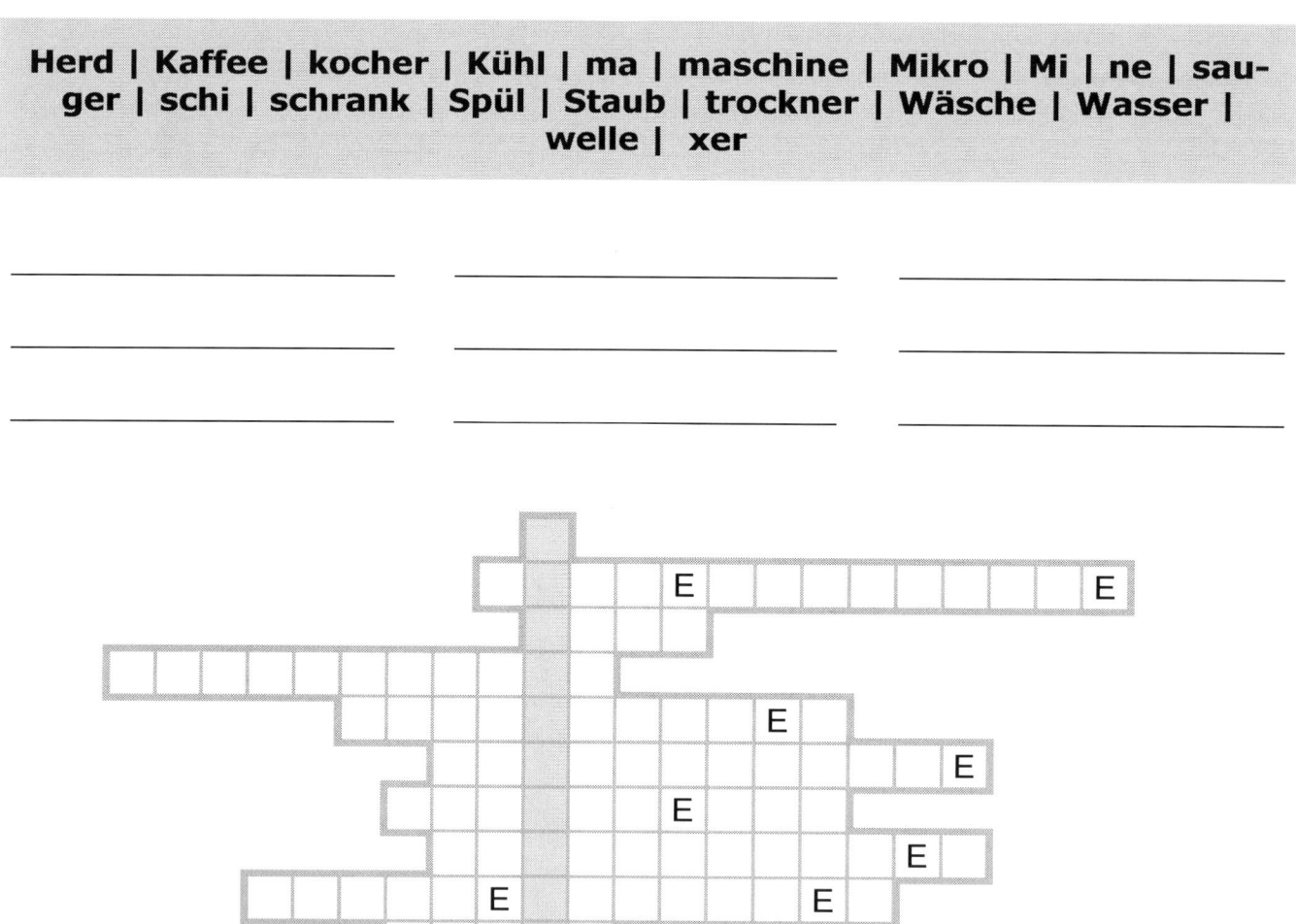

Lösungswort: Unnütz und teuer, oder gut und sinnvoll? 36 % der Deutschen besitzen eine elektrische ◆.

Suchen und sortieren

Alle Wörter, die ihr hier ➜ und ⬇ findet, könnt ihr unten einsortieren. Solche »Mind-maps« selbst zu zeichnen, ist eine tolle Möglichkeit, Wörter zu wiederholen und zu üben.

```
Z  Ä  K  K  N  L  Ü  ß  F  Y  V  L  D  Ö  T  I  S  C  H
Y  S  T  R  O  M  O  S  C  H  R  Ä  N  K  E  ß  ß  X  C
E  T  L  E  L  O  Ü  P  D  R  A  S  W  J  U  R  H  H  Z
M  Ü  I  V  G  D  H  Ü  B  S  C  H  A  Y  E  Q  J  E  Ü
Ü  H  C  A  H  E  L  L  A  Z  J  U  S  Ö  R  U  H  I  G
E  L  H  H  E  R  D  E  L  A  U  T  S  D  I  Q  R  Z  V
B  E  T  T  B  N  N  M  K  Ü  C  H  E  G  L  B  I  U  Ö
A  H  V  A  T  J  U  Ä  O  K  G  A  R  T  E  N  V  N  I
D  U  N  K  E  L  N  Z  N  F  I  X  S  A  Ä  ß  C  G  F
```

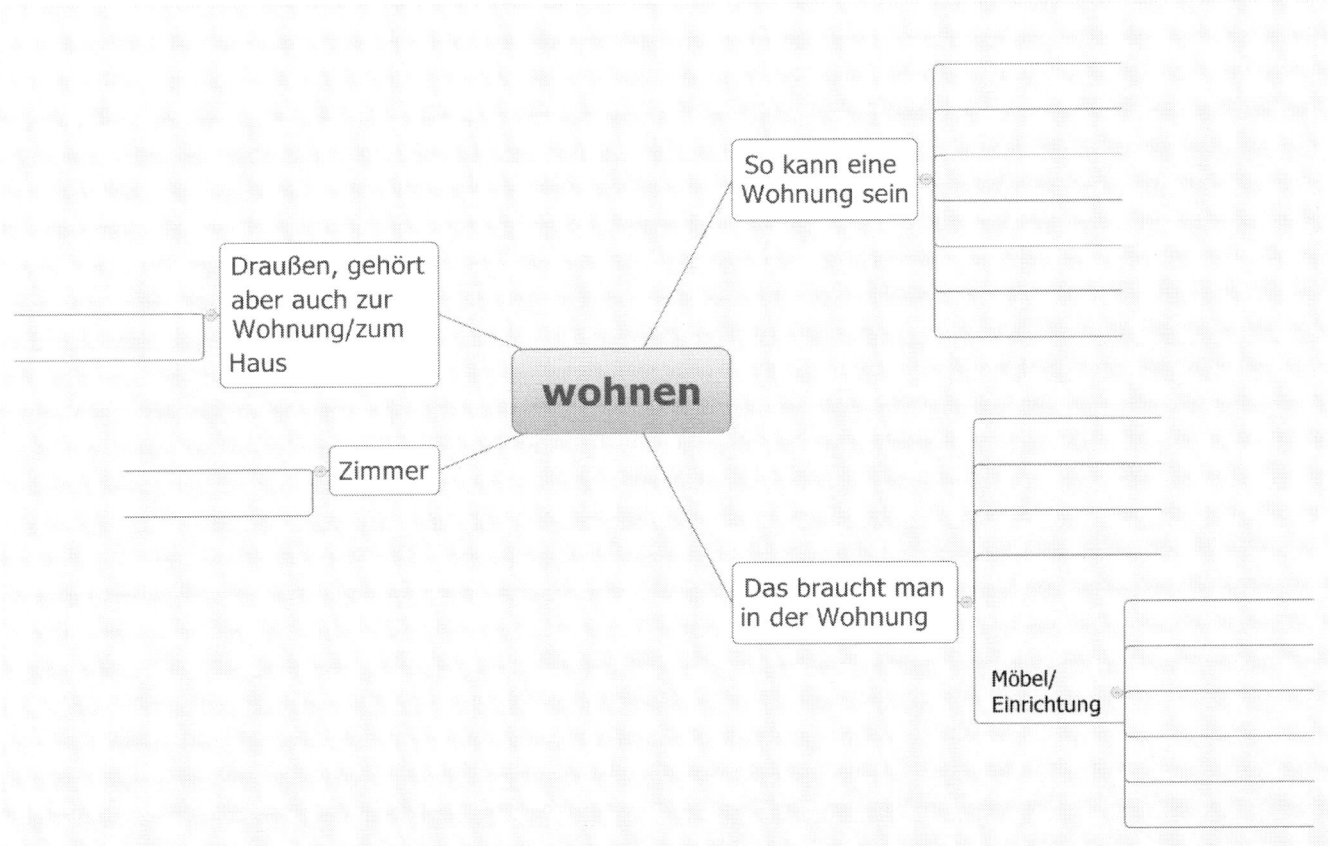

Lieblingswörter

Hier könnt ihr Wörter und Redewendungen notieren, die ihr euch merken möchtet. Alles, was ihr interessant, wichtig oder vielleicht lustig oder schwierig findet.

Ihr könnt eine Liste schreiben oder eine Mindmap malen. Oder eure eigene Methode finden.

Lösungen auf Seite 133.

FREUNDE & FAMILIE

Hier findest du ➜ und ⬇ die wichtigsten Familienmitglieder.

```
J X W F Z Y V B W ß Ä X Z K H L
D B U A A Y U H ß V B ß Ü V E L
K H G R O ß V A T E R S F I L F
F W I U J U Ä U O W U W M H T A
P V A T E R Z I C D D I U I E I
V U I A F A S C H W E S T E R G
Ä K I N D D O A T C R J T N N H
K B O T W G H Q E O N K E L S F
E N K E L I N V R U I J R H R R
```

der _____   der _____   die _____   die _____

der _____   der _____   die _____   (Pl.) _____

der _____   die _____   die _____   das _____

Quiz: Familie und Verwandte

Die Kinder von Onkel/Tante sind meine
☐ Cousins und Kusinen
☐ Neffen und Nichten

Meine »Geschwister« sind meine
☐ Schwestern
☐ Brüder und Schwestern

Meine »kleine Schwester« ist
☐ jünger als ich
☐ kleiner als ich

Ehepartner/in meiner Schwester oder meines Bruders:
☐ Stiefbruder/Stiefschwester
☐ Schwager bzw. Schwägerin

Kinder, die keine Eltern mehr haben, sind
☐ Witwen
☐ Waisen

Mein Bruder ist am gleichen Tag geboren wie ich. Er ist mein
☐ Halbbruder
☐ Zwillingsbruder

Oma und Opa zusammen heißen
☐ Großeltern
☐ Urgroßeltern

Mann und Frau, verheiratet:
☐ das Ehepaar
☐ die Verwandtschaft

Und wie heißt der weibliche Teil dazu?

Waagrecht

2 der Bruder, die

4 der Herr, die

6 der Junge, das

9 der Onkel, die

10 der Cousin, die

Senkrecht

1 der Opa, die

3 der Sohn, die

5 der Enkel, die

6 der Vater, die

7 der Neffe, die

8 der (Ehe-)Mann, die (Ehe-)

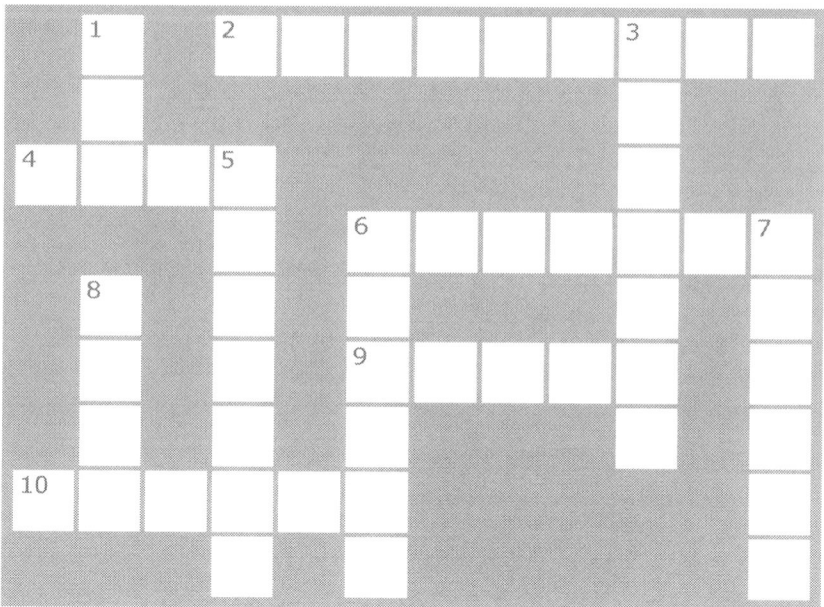

Mini-Kreuzworträtsel Lebensphasen

Waagrecht

1 Bis der Tod euch scheidet? Hm; längst nicht jede ◆ hält ein Leben lang.

3 Zwei, die zusammengehören (Menschen, aber auch Handschuhe, Socken oder Schuhe), sind ein ◆.

4 Ein sehr kleines Kind, ein Neugeborenes (engl. Wort)

6 Ein Kind im Schulalter heißt (ganz logisch) »◆«.

7 Du bist schwanger? Glückwunsch. Wisst ihr schon, was es wird, ein ◆ oder ein Mädchen?

8 Der Mann ist tot, die Frau lebt noch. Die Frau ist jetzt also keine Ehefrau mehr, sondern eine ◆.

Senkrecht

1 Diese Menschen sind keine Kinder mehr; sie haben alle Rechte (z.B. dürfen sie Geschäfte abschließen und wählen), und sie sind für sich verantwortlich. Wir nennen sie »◆«(Pl.).

2 Auch sie sind keine Kinder mehr, aber sie sind auch noch nicht erwachsen. Und sie sind (öfter mal) ziemlich nervig.

5 Ein Kind, das beide Eltern verloren hat, heißt »◆«.

(Fast) die ganze Verwandtschaft

1 Leben deine Großeltern noch? – Ja, alle. Ich habe wirklich noch zwei Opas und zwei ◆.

2 In meiner Schule gab es überhaupt keine Jungs. Es war eine reine ◆schule.

3 Ich habe drei Kinder: Eine Tochter, Lilian, und meine beiden ◆ Jonas und Adrian.

4 Wir waren zu Hause fünf Geschwister: Meine Brüder Lukas und Philipp, meine beiden ◆ Julia und Anna – und ich.

5 Drei Söhne, vier Töchter, macht insgesamt sieben ◆.

6 Die Söhne und Töchter meiner Söhne und Töchter sind meine ◆(kinder).

7 Brüder und Schwestern zusammen sind meine ◆.

8 Die Tochter meiner Tante/meines Onkels ist meine ◆.

9 Ganz schwer: Er ist der Sohn meiner Mutter und meines Vaters. Also ist er mein ◆.

10 Kleine Kinder (und manchmal auch große) sagen zu ihrem Vater oft »Papa« und zur Mutter »◆«.

11 Die Mutter meiner Mutter oder meines Vaters ist meine ◆.

12 Die Schwester meiner Mutter oder meines Vaters ist meine ◆.

13 Sie ist die Tochter meiner Schwester oder meines Bruders: meine ◆.

14 Mein weibliches Kind: meine ◆.

15 Er ist der Sohn meiner Großmutter und meines Großvaters, aber er ist nicht mein Onkel. Also kann er nur mein ◆ sein!

Lösungswort: So heißt die Mutter meines Ehemannes oder meiner Ehefrau.

Mehr Familienwörter

Das Kreuzworträtsel ist nicht schwer; alle Buchstaben sind da, sie sind nur falsch sortiert. Der erste Buchstabe allerdings ist immer korrekt.

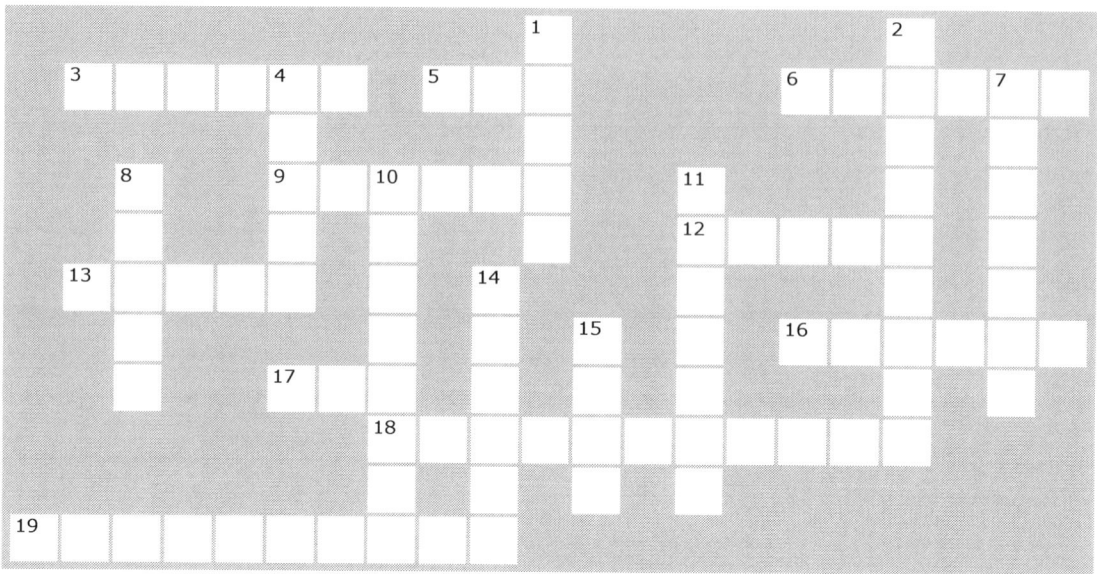

Waagrecht

3 der Bderru

5 der Oap

6 die Ncehit

9 die Keinsu

12 der Neeff

13 der Oekln

16 die Merttu

17 die Oam

18 die Gcehswister

19 die Säcghwerin

Senkrecht

1 der Vaert

2 die Scehswter

4 der Eekln

7 die Tcehort

8 die Taent

10 der Sacghwer

11 die Eeiklnn

14 der Cinosu

15 der Shno

Rätselschnecke Menschen/Familie

Hier gibt es acht Wörter zum Thema »Menschen/Familie«. Die Wortschlange beginnt bei dem grauen Feld in der Mitte und endet in dem Kreis daneben.

Ihr dürft nach oben, unten, rechts und links gehen (↓→↑←), aber nicht diagonal.

Alle Buchstaben werden verwendet, jeder nur ein Mal. Wir haben mit dem ersten Wort schon mal angefangen.

A	B	Y	F	I	E	G
B	E	G	A	L	O	R
J	U	N	M	I	ß	V
R	E	L	E	Ⓝ		A
T	T	T	E	E	H	T
U	N	I	R	D	C	E
M	D	K	N	Ä	M	R

Familienstand

Bitte die Wörter aus den Teilen wieder zusammenbauen.

den | dig | ge | le | schie | ver | wet | wit

Er/sie ist nicht verheiratet und war es auch nie. Familienstand:	
Er/sie war verheiratet, aber der Ehepartner ist tot. Familienstand:	
Schluss, aus, Ende, es ging nicht mehr in der Ehe. Familienstand:	

Lebensformen

Der »Familienstand« interessiert die Ämter – das Einwohnermeldeamt, das Finanzamt. Es gibt aber viele, viele Formen, wie Menschen zusammenleben und -wohnen, offiziell oder inoffiziell.

	Wohngemeinschaft	allein leben	getrennt leben	sich verloben	sich scheiden lassen	Schluss machen	zusammenziehen
Noch verheiratet sein, aber nicht mehr zusammen wohnen und leben							
Ohne Partner/Partnerin wohnen und leben							
Eine (Liebes-)Beziehung beenden, dem Freund/der Freundin sagen, dass man nicht mehr mit ihm/ihr zusammen sein will							
Noch nicht verheiratet sein, aber in der Familie und im Freundeskreis schon mal sagen, dass man bald heiraten wird							
Die Ehe endgültig beenden, auch juristisch							
Mit anderen gemeinsam in einer Wohnung leben (Studenten, Freunde)							
Mit dem Freund/der Freundin zusammen in eine Wohnung ziehen (Liebespaar) – der erste Schritt zur Ehe?							

Familienereignisse

Hier findet ihr ➜ fünf Ereignisse in der Familie. Nicht alle sind fröhlich, nicht alle sind Feste. Aber alles kommt vor. In jeder Zeile fehlt ein Buchstabe. Diese Buchstaben, von oben nach unten, sind das Lösungswort.

A	R	T	O	V	E	R		O	B	U	N	G	E	X
S	C	H	O	C	H	Z		I	T	E	R	N	A	S
T	E	M	M	I	G	E		U	R	T	S	T	A	G
S	M	T	U	Y	B	E		R	D	I	G	U	N	G
S	C	H	E	I	D	U		G	E	I	A	I	W	N

Jenseits der Familie – wie nennt man diese Leute?

Ihr müsst die Wörter aus den Teilen wieder zusammenbauen. Der erste Buchstabe eines Wortes ist immer großgeschrieben.

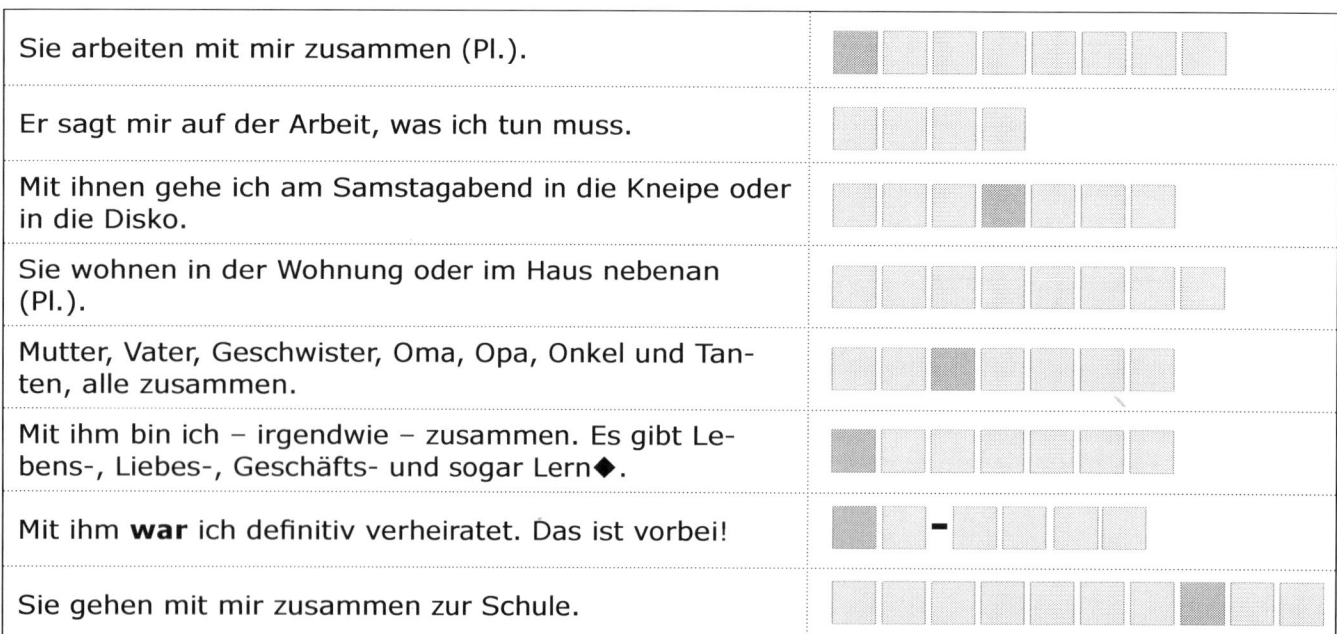

barn | Chef | de | Ex | Fa | Freun | gen | Kol | le | ler | lie | Mann | mi | Mit | Nach | ner | Part | schü

Sie arbeiten mit mir zusammen (Pl.).	☐☐☐☐☐☐☐
Er sagt mir auf der Arbeit, was ich tun muss.	☐☐☐☐☐
Mit ihnen gehe ich am Samstagabend in die Kneipe oder in die Disko.	☐☐☐☐☐☐
Sie wohnen in der Wohnung oder im Haus nebenan (Pl.).	☐☐☐☐☐☐☐
Mutter, Vater, Geschwister, Oma, Opa, Onkel und Tanten, alle zusammen.	☐☐☐☐☐☐
Mit ihm bin ich – irgendwie – zusammen. Es gibt Lebens-, Liebes-, Geschäfts- und sogar Lern◆.	☐☐☐☐☐☐☐
Mit ihm **war** ich definitiv verheiratet. Das ist vorbei!	☐☐-☐☐☐☐
Sie gehen mit mir zusammen zur Schule.	☐☐☐☐☐☐☐☐☐

Lösungswort: Die dunkelgrauen Kästchen, von oben nach unten gelesen: Ein anderes Wort für Freunde. Meist verwenden wir es für Männer.

Komplizierte Beziehungen

Die **teft** gedruckten Wörter: Alle Buchstaben sind da, aber in der falschen Reihenfolge!

Waagrecht

4 Michael hat eine neue Freundin, habe ich gehört? – Zu spät, sie hat sich schon wieder von ihm **tengnert**. – So schnell? Das ist hart. – Ja, Michi hat einfach kein Glück mit den Frauen.

6 Was ist denn mit Ben und Laura los? – Ach, die **rettisen** sich. Du kennst das doch, die beiden **rettisen** sich immer. Völlig normal bei den beiden.

8 Was? Schwesterchen, du bist wirklich **raschweng**? Cool, ich werde Onkel!

9 Ein kolumbianischer Musiker? Wow. Wo hast du den denn **enknen**gelernt? – Beim Fußball. – Wie? – Beim Fußballspielen.

10 Und, wie läuft's mit deinem kolumbianischen Musiker? – Gut. Super. Echt, wir **hervesten** uns richtig gut.

Senkrecht

1 Warum erzählst du mir das alles? Ich will das eigentlich gar nicht hören. – Weil du meine beste **Frindune** bist. – Da irrst du dich. Ich bin deine beste **Frindune** gewesen.

2 Oh nein. Ausgerechnet in einen kolumbianischen Musiker muss sich meine Tochter **bleireven**. Dabei kennen wir so viele nette Medizinstudenten!

3 Kannst du mal dein Smartphone weglegen bitte? – Ja, gleich. – Es ist wichtig. – Also gut (legt das Smartphone weg). Was denn? – Ich… also… Anna, willst du mich **tahieren**?

5 Wie lange seid ihr eigentlich ein Paar, du und Julia? – Acht Jahre. – Acht Jahre? Wollt ihr denn nicht mal heiraten? – Heiraten? Weiß nicht. Wir ziehen jetzt erst mal **ansemmuz**, dann sehen wir weiter. – Aha. Habt ihr schon eine Wohnung? – Nö. Du weißt ja selbst, wie lange so was dauert.

6 Hallo, wie schön, dich zu sehen! Wie geht's? Und wie geht's Tom? – Keine Ahnung. – Wie, keine Ahnung? – Keine Ahnung. Ich habe letzte Woche mit ihm **Schussl** gemacht.

7 Erinnerst du dich an diese Bushaltestelle, Schatz? – Aber sicher. Genau hier hast du mich vor fünfzehn Jahren das erste Mal **güssket**. – Was, fünfzehn Jahre ist das her? – Fünfzehn Jahre, zwei Monate und drei Tage.

Lieblingswörter

Hier könnt ihr Wörter und Redewendungen notieren, die ihr euch merken möchtet. Alles, was ihr interessant, wichtig oder vielleicht lustig oder schwierig findet.

Ihr könnt eine Liste schreiben oder eine Mindmap malen. Oder eure eigene Methode finden.

Lösungen ab Seite 134.

UNTERWEGS – REISEN UND VERKEHR

F	L	U	G	Z	E	U	G	H	L
Z	A	B	V	U	R	W	F	W	B
T	T	L	I	G	S	Y	Ä	A	O
F	A	H	R	R	A	D	H	S	O
H	X	O	G	B	D	U	R	C	T
M	I	J	C	U	V	F	E	H	B
A	Z	H	X	S	E	N	G	I	Y
M	O	T	O	R	R	A	D	F	H
R	M	M	T	U	Q	O	Y	F	R
F	V	H	A	U	T	O	O	Z	A

Hier findest du → und ↓ zehn Verkehrsmittel.

der _____   das _____

der _____   das _____

die _____   das _____

das _____   das _____

das _____   das _____

Verkehrsmittel – und was man dafür braucht

Ihr müsst die Wörter aus den Teilen wieder zusammenbauen. Bei Substantiven (und nur bei Substantiven) ist der erste Buchstabe eines Wortes immer großgeschrieben.

> **Bahn | Fah | Fahr | Fahr | Flug | hafen | Halte | hof | karte | plan | rer | spätung | steigen | stelle | um | Ver**

Hier fahren die Züge ab, hier kommen sie an.	
Für Busse, Straßenbahnen und U-Bahnen, Züge etc., also für alle öffentlichen Verkehrsmittel, braucht man eine gültige ◆.	
Der Zug aus München ist mal wieder nicht pünktlich; heute hat er fast 20 Minuten ◆.	
Ein- und aussteigen in den Bus oder in die Straßenbahn kann man an der ◆.	
Ob ich wohl mein Fahrrad mit in die Straßenbahn nehmen darf? Keiner von den anderen Fahrgästen weiß das. Ich muss den ◆ fragen.	
Wann fährt denn hier der nächste Bus? Ah ja, an der Haltestelle hängt ja ein ◆, da kann ich nachschauen.	
Hier fliegen die Flugzeuge ab und hier landen sie.	
Diese U-Bahn fährt für mich in die richtige Richtung, aber sie bringt mich nicht ganz bis an mein Ziel. Ich muss an der Endstation der U-Bahn in die Straßenbahnlinie 3 ◆.	

Wie kommen wir von hier nach dort? Verkehrsmittel

Waagrecht

1 Dieses Verkehrsmittel fliegt, oft viele tausend Meter über der Erde.

6 Ein anderes Wort für Auto (Abkürzung für »Personenkraftwagen«)

7 Ein öffentliches Verkehrsmittel. Ein ◆ fährt auf der Straße und braucht keine Schienen oder Gleise. Er kann viele Fahrgäste mitnehmen (60 und mehr).

8 Es verstopft alle Straßen, ist schlecht für die Umwelt, kostet ein Vermögen und steht die meiste Zeit an der Ampel, im Stau oder auf dem Parkplatz.

9 Die letzte U-Bahn, der letzte Bus ist weg? Tja, dann musst du ein ◆ nehmen.

10 Dieses Verkehrsmittel ist auf dem Wasser unterwegs.

12 Sport oder Verkehrsmittel? Mit dem ◆ kommt man manchmal ganz schön ins Schwitzen.

13 Sie fährt auf Schienen, aber nur innerhalb der Stadt, nicht von Stadt zu Stadt. In der Schweiz und Österreich heißt sie oft »Tram«.

Senkrecht

2 Er ist sehr groß und transportiert sehr viele Waren über unsere Straßen und Autobahnen (Abkürzung für »Lastkraftwagen«).

3 »Beeil dich, wir müssen zum Bahnhof, dein ◆ fährt in 20 Minuten.«

4 Sie fährt unter der Erde. In den großen Städten ist sie meist das schnellste Verkehrsmittel überhaupt. Oben sind alle Straßen verstopft, und unter der Erde brausen die Züge durch die Tunnel.

5 Es hat zwei Räder und einen Motor und ist sehr schnell. ◆fahren ist allerdings nicht ganz ungefährlich.

11 Eine ◆ bringt Autos, Personen und Waren über einen Fluss oder über ein nicht allzu langes Stück Meer, z.B. über die Ostsee.

12 Na ja, es ist ja nicht weit und das Wetter ist schön, sollen wir ausnahmsweise mal zu ◆ gehen? Komm schon, ein bisschen Bewegung kann nicht schaden.

Lösungswort: Für 8➔ und 5⬇ braucht man einen Führer◆ und für öffentliche Verkehrsmittel, z.B. die 13➔ und die 4⬇, braucht man einen gültigen Fahr◆.

1	2	3	4	5	6

Mit dem Auto unterwegs

In den **fett gedruckten** Wörtern sind die Buchstaben durcheinandergeraten (Beispiel: **tauo** = Auto). Bei den meisten Substantiven steht der Anfangsbuchstabe richtig (dann ist er großgeschrieben). Aber manchmal haben wir ihn auch untergemischt.

Waagrecht

3 Die **lampe** ist grün: Wir können fahren.

6 Bei Rot muss man aber natürlich **aehlnt**.

8 »Das Auto macht aber komische Geräusche.« – »Finde ich auch. Ich bringe es morgen in die **wettstark**, die sollen sich das mal ansehen.«

10 Nur schnelle Fahrzeuge dürfen auf die **Ahabunto**, Mopeds, Fahrräder, Traktoren etc. nicht.

13 Die Straße geht hier nicht geradeaus weiter. Sie macht eine **Kevur**.

14 »Mensch, fahr hier nicht so **cehllns**. Du bist immer noch in der Stadt!«

15 »Bist du verrückt geworden? Du kannst doch hier nicht **hobelüren**. Du siehst doch überhaupt nicht, ob du Gegenverkehr hast.« – »Wer fährt, du oder ich?«

Senkrecht

1 Verspätung bei der Bahn – das ist Schlamperei oder schlechte Planung. Aber ein **Suta** auf der Autobahn ist Schicksal. Dagegen kann man nichts machen.

2 Das Auto will unterwegs nicht mehr? Mist, wir haben eine **napne**!

4 Das Auto abstellen: **pranke**.

5 Der Sicherheits**trug** sorgt dafür, dass man bei einem Unfall nicht quer durchs Auto fliegt.

7 »Wieviel **Leirt** hast du denn getankt?« – »Genug. Ich habe vollgetankt.«

9 »Da vorne geht es links ab, müssen wir da lang?« – »Ja, hier musst du **beigaben**.«

11 »Warum **sembern** die denn plötzlich alle, ist hier Geschwindigkeitsbegrenzung?« – »Nein, da vorne ist nur eine Baustelle.«

12 Unfall, und jemand ist verletzt? Da kommt immer die **Pizelio** und klärt, was passiert ist.

14 »Guck mal, dieses Auto fährt jetzt schon zum vierten Mal an uns vorbei.« – »Das ist mein Nachbar. Der kommt von der Arbeit und **schut** einen Parkplatz.«

Welche Art von Reise soll es denn sein?

	Abenteuerurlaub	Campingurlaub	Kreuzfahrt	Kurzurlaub	Pauschalreise	Radtour	Rundreise	Städtereise	Strandurlaub	Wellness-Urlaub	Weltreise
Ihr seid 480 Kilometer in fünf Tagen gefahren, und das mit Gepäck? Sportlich, sportlich! Hast du Muskelkater?											
Wir haben in acht Tagen drei Städte, drei Nationalparks, ein Weingut und eine alte Goldgräberstadt gesehen.											
Wir haben acht Monate Zeit und möchten möglichst viele Länder und Kontinente sehen.											
Drei ganze Wochen in einer Kabine auf einem Schiff, und dazwischen darf man ab und zu vielleicht mal einen Ausflug an Land machen? Hm, ich weiß nicht, ob ich das will.											
Wir haben nur drei, vier Tage Zeit. Eigentlich nur ein verlängertes Wochenende.											
London vielleicht, oder Barcelona? Oder mal was anderes… warst du schon mal in St. Petersburg?											
Sonne, Sand, Meer. Mehr will ich nicht im Urlaub.											
Komfort brauche ich nicht, und ein Hotelbett auch nicht. Ich kann wunderbar auf einer Isomatte und im Schlafsack schlafen.											
Ich habe keine Lust, einen Individualurlaub zu planen. Ich hab doch Urlaub, oder? Da will ich, dass alles für mich organisiert ist.											
Ich möchte ein gutes Hotel, gesundes Essen und einen Swimmingpool. Vielleicht mal 'ne Massage oder so. Einfach nur entspannen und mich erholen.											
Mit dem Mountainbike quer durch die Alpen, in wilde Canyons klettern, mit Kamelen durch die Wüste, mit dem Hundeschlitten durch Alaska… oder Bergsteigen in Nepal? Was meinst du?											

Unterwegs

Eine schnelle Übung. Elf Wörter ➜ und ⬇.

```
Ü S C Ü S A B R Y D A C A M P I N G P L A T Z
S B W H Z ß W Ü E P C Ü R R Ö B K A A T Ü Q Y
S J A I D O P P E L Z I M M E R Ä S ß B Q Ö L
U K ß P E X E Y C ß K G R E I S E T A S C H E
Y U L J M F N I M H O K X P S C N H Ä Ü B D A
R Y R U C K S A C K F E R I E N W O H N U N G
G T F G P Q I H Z S F U H K O Y O F ß W Ü ß H
A R D R C H O T E L E I N Z E L Z I M M E R E
V H J U G E N D H E R B E R G E I K S O Y E P
```

Wo kann man hier über-nachten?

im _____

im _____

im _____

im _____

auf dem _____

in der _____

in der _____

in der _____

Und wie kann man seine Sachen transportieren?

im _____

im _____

in der _____

Reiseplanungen

Wenn man im Internet einen Flug oder eine Reise bucht, bekommt man per E-Mail

☐ eine Buchungsbestätigung

☐ eine Buchungsanfrage

Dieses Hotel hat im Frühstücksraum einen langen Tisch, auf dem Brötchen, Müsli, Joghurt, Butter, Säfte, Wurst, Käse, Marmelade etc. stehen. Jeder kann sich selbst nehmen, so viel er will. Das nennt man

☐ Frühstücksrestaurant

☐ Frühstücksbuffet

☐ Selbstbedienungsfrühstück

Ich habe für Donnerstag einen Flug nach Berlin gebucht, aber nun muss ich schon am Mittwoch dort sein. Hoffentlich kann ich meinen Flug noch

☐ aufschieben

☐ umbuchen

Das sind sehr günstige Konditionen hier in dieser Ferienwohnung. Falls wir doch nicht hinfahren können, können wir unsere Buchung bis drei Tage vorher kostenlos

☐ stornieren

☐ retournieren

☐ terminieren

Sehenswürdigkeiten

Bitte die Wörter richtig einsortieren. Die Buchstaben daneben sagen – von oben nach unten gelesen – was man mit Sehenswürdigkeiten normalerweise macht.

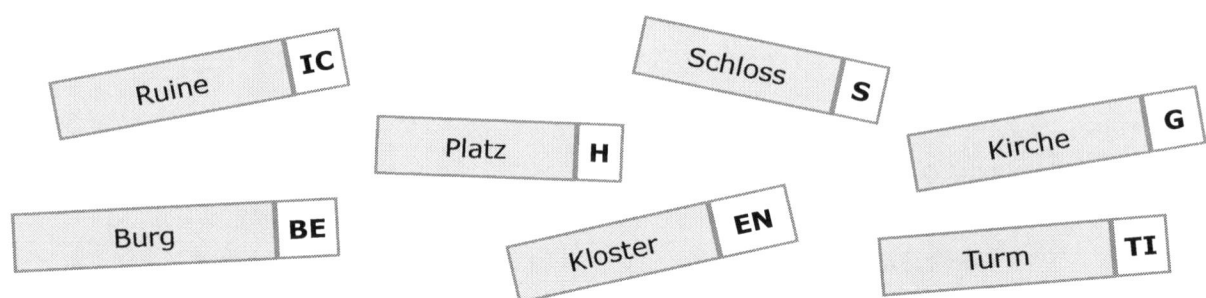

Ein großes historisches Gebäude mit sehr festen Mauern und Türmen. Bei einer ◆ denkt man gleich an Ritter, Turniere und ◆fräulein. Eine ◆ konnte man im Krieg verteidigen.		
Noch ein großes historisches Gebäude, aber hier gab es oft Luxus und sehr viel Kunst. Hier wohnte ein König oder ein Fürst. Berühmt ist z. B. ◆ Neuschwanstein in Deutschland oder (noch viel berühmter) Versailles in Frankreich.		
Eine ◆ **war** einmal ein großes, beeindruckendes Gebäude – Betonung auf »war«. Jetzt ist nicht mehr viel übrig. Manchmal sieht eine ◆ sehr malerisch und romantisch aus, manchmal sieht man auch nicht mehr viel, nur noch ein paar Steine und Mauerreste.		
Viele deutsche Städte und sogar Dörfer haben einen wirklich sehr schönen historischen Markt◆. Der wahrscheinlich berühmteste ◆ in Europa ist aber in Italien: Der Markus◆ in Venedig.		
Ein hohes, schlankes Gebäude. In Pisa muss man den schiefen ◆ und in Paris den Eiffel◆ gesehen haben!		
Dieses Gebäude dient der christlichen Religion. Hier finden Gottesdienste statt, eine ◆ hat Türme und Glocken.		
Noch ein Gebäude mit einem religiösen Zweck. Hier lebten/leben Mönche und Nonnen. Ein Reisetipp, besonders für Bayern: Praktisch jedes ◆ braut(e) Bier und hat heute noch einen meist sehr schönen Biergarten.		

1	2	3	4	5	6	7	8	9	10	11

Taxibahnhof? Hm...

Nein, nicht Taxibahnhof. Wie heißen die Orte, an denen Verkehrsmittel starten, landen, parken, anhalten, losfahren oder einfach nur auf Fahrgäste warten? Oder wo man das Auto abstellen kann? Ihr findet die Antworten → und ↓ im Wortsuchrätsel.

```
O O V U W Z P P L F J W F L N G Ä
X R H C G W H A L T E S T E L L E
S J G U W ß Ä R F L U G H A F E N
S T A T I O N K Q L I Q A H G C M
K W R M Z K B H W Ö V B F P O D O
Ä P A R K P L A T Z E S E K Q Ä J
P U G U A Ä B U S B A H N H O F C
J S E T A X I S T A N D T W E G E
```

Clue	Answer
Ein Bahnhof für die U-Bahn heißt U-Bahn-	☐ ⑤ ☐ ☐ ☐ ⑪ ☐
Flugzeuge starten und landen am	☐ ☐ ☐ ☐ ☐ ⑦ ⑫ ☐ ☐
Orte, an denen man das Auto abstellen kann, finden sich gleich drei in diesem Rätsel:	☐ ☐ ☐ ☐ ☐ ☐ ③ ☐
	☐ ☐ ☐ ☐ ④ ☐ ☐ ☐ ☐
	☐ ☐ ☐ ② ☐ ☐ ☐
Fernbusse haben oft einen eigenen	☐ ☐ ☐ ⑥ ☐ ⑧ ☐ ☐
Hier legen die Schiffe an, hier legen sie ab	① ☐ ☐ ☐ ☐
Ein- und aussteigen in Straßenbahnen und Linienbusse kann man an jeder	⑩ ☐ ☐ ☐ ☐ ☐ ☐ ☐ ☐ ☐
Und die Taxis warten am	☐ ☐ ☐ ☐ ☐ ☐ ☐ ⑨ ☐

Lösungswort: Ein wichtiger Verkehrsknotenpunkt in jeder größeren Stadt.

1	2	3	4	5	6	7	8	9	10	11	12

Kann man hier irgendwo übernachten?

Ihr müsst die Wörter aus den Teilen wieder zusammenbauen. Bei Substantiven (und nur bei Substantiven) ist der erste Buchstabe eines Wortes immer großgeschrieben.

> **aus | Camping | Doppel | Ferien | füllen | Gast | herberge | Ho | hof | Jugend | Pen | platz | Schlüs | sel | sion | tel | wohnung | zimmer |**

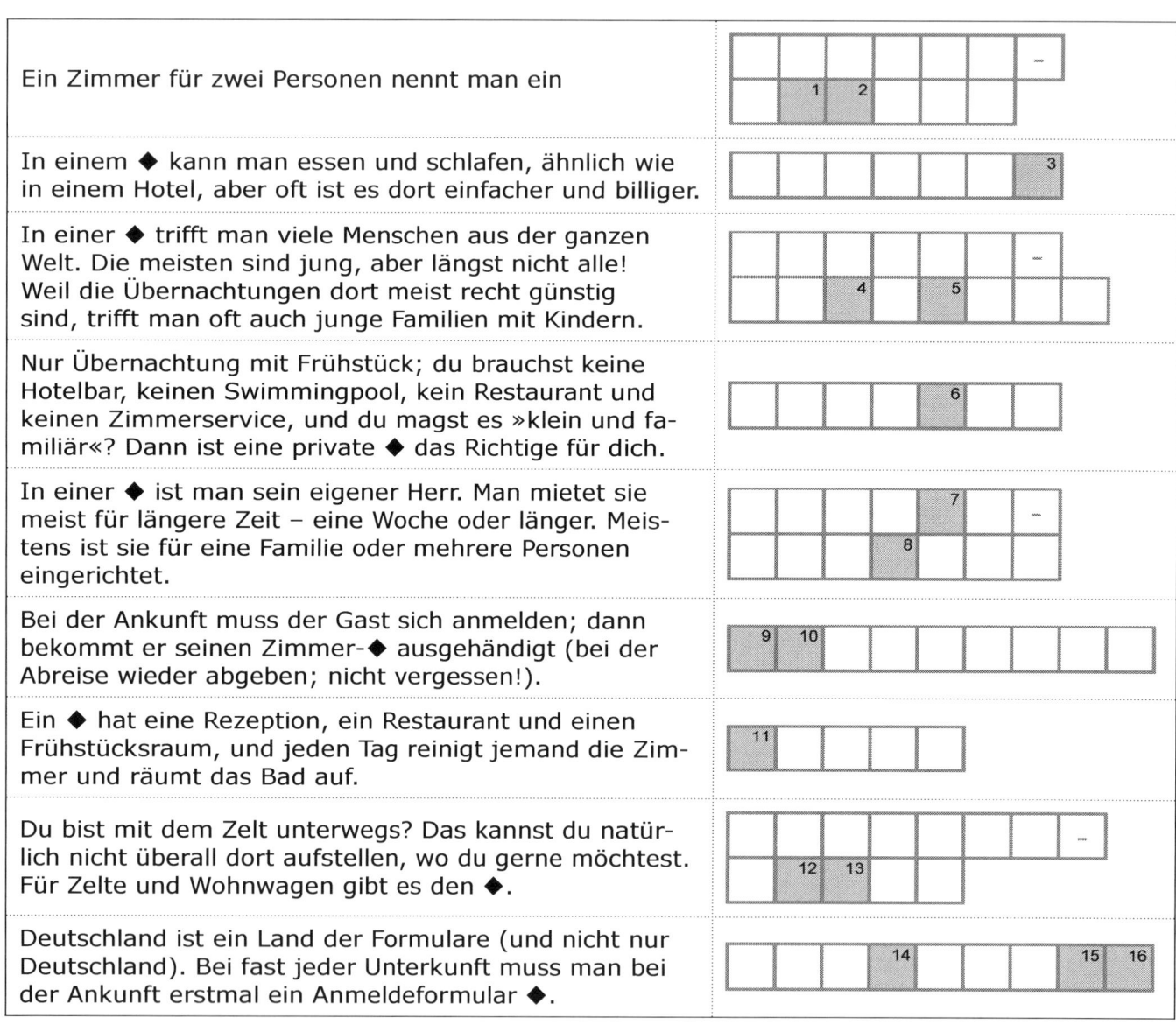

Ein Zimmer für zwei Personen nennt man ein	
In einem ◆ kann man essen und schlafen, ähnlich wie in einem Hotel, aber oft ist es dort einfacher und billiger.	
In einer ◆ trifft man viele Menschen aus der ganzen Welt. Die meisten sind jung, aber längst nicht alle! Weil die Übernachtungen dort meist recht günstig sind, trifft man oft auch junge Familien mit Kindern.	
Nur Übernachtung mit Frühstück; du brauchst keine Hotelbar, keinen Swimmingpool, kein Restaurant und keinen Zimmerservice, und du magst es »klein und familiär«? Dann ist eine private ◆ das Richtige für dich.	
In einer ◆ ist man sein eigener Herr. Man mietet sie meist für längere Zeit – eine Woche oder länger. Meistens ist sie für eine Familie oder mehrere Personen eingerichtet.	
Bei der Ankunft muss der Gast sich anmelden; dann bekommt er seinen Zimmer-◆ ausgehändigt (bei der Abreise wieder abgeben; nicht vergessen!).	
Ein ◆ hat eine Rezeption, ein Restaurant und einen Frühstücksraum, und jeden Tag reinigt jemand die Zimmer und räumt das Bad auf.	
Du bist mit dem Zelt unterwegs? Das kannst du natürlich nicht überall dort aufstellen, wo du gerne möchtest. Für Zelte und Wohnwagen gibt es den ◆.	
Deutschland ist ein Land der Formulare (und nicht nur Deutschland). Bei fast jeder Unterkunft muss man bei der Ankunft erstmal ein Anmeldeformular ◆.	

Keine bezahlbare Unterkunft zu kriegen, nichts und nirgendwo? Ach, was macht das schon. Es ist Sommer; wir können

Reisen und übernachten

1 Ein anderes Wort für 'Reisezeit'.
»Fahrt ihr dieses Jahr gar nicht weg?« –
Doch, aber erst im Oktober. Wir fahren
immer in der Nach◆, da ist es nicht mehr
so teuer und es ist nicht so viel los.« –
»Da hast du recht. In der Vor- und in der
Nach◆ ist es am schönsten!«

2 Zum Wandern eine Wanderkarte, für die
Stadt einen ◆. Auf dem ◆ findet man
Straßen, Plätze, wichtige Gebäude und
auch die Nahverkehrslinien wie Busse,
Straßenbahnen und U-Bahnen.

3 Wer von Land zu Land reist, braucht
(meistens) einen Ausweis oder einen
Reise◆.

4 »Der Gasthof hat nur noch ein ganz
einfaches Zimmer frei, ohne ◆ und WC –
wollen wir das nehmen oder suchen wir
weiter?«

5 Das englische Wort für Fahrkarte/
Fahrschein bzw. Eintrittskarte verwenden wir auch oft: das ◆.

6 Ein Gepäckstück. Meistens (aber nicht immer) ist ein ◆ hart und hat Rollen. Rollen sind
aber sehr praktisch, man muss den ◆ nicht schleppen, sondern man kann ihn hinter sich
herziehen.

7 Ein Reise◆ kann eine Person sein, die einer Reisegruppe alles zeigt und erklärt, er kann aber
auch ein Buch sein, in dem zu einer Stadt/einem Land/einem Gebiet alles Wichtige drinsteht,
einschließlich Sehenswürdigkeiten, Reisetipps etc.

8 Noch ein Gepäckstück: Eine Reisetüte gibt es nicht, aber eine Reise◆.

9 Dieses Gepäckstück kann man auf dem Rücken tragen. Dann hat man die Hände frei, z.B.
beim Wandern oder Klettern. Aber auch in der Stadt ist ein ◆ eigentlich ganz praktisch.

10 Ein anderes Wort für Ferien; Zeit, in der man nicht arbeiten muss

11 »Weißt du was, MEIN SCHATZ? Ich nehme heute Nacht ein ◆zimmer!!!!!«

12 Zwischen zwei Ländern verläuft eine ◆. Manchmal muss man an der ◆ seinen Ausweis oder
seinen 3➜ zeigen.

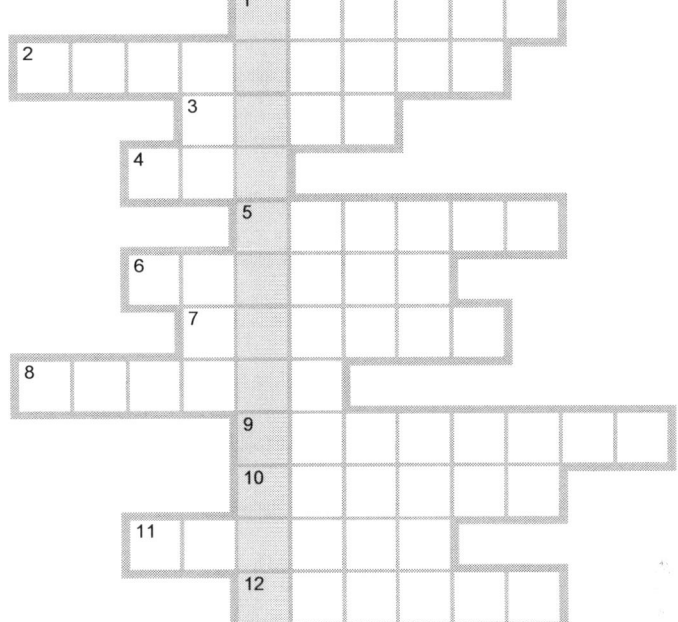

Lösungswort: Bei einer _____ bekommt man die wichtigsten
Sehenswürdigkeiten und die schönsten Orte einer Stadt gezeigt, und man erfährt
etwas über die Geschichte.

Reiseverben

Waagrecht

1 Etwas anschauen, z.B. eine Burg, ein Schloss: etwas ◆.

2 Eine Reise, einen Flug, einen Urlaub nicht »kaufen«, sondern »◆«.

7 Ein Auto leihen, einen Leihwagen nehmen: Man sagt auch, ein Auto ◆.

8 Gib mir mal den Stadtplan bitte. – Ahh. Mist. Der ist im Hotel. Wir haben ihn auf dem Tisch im Frühstücksraum ◆ lassen. – **Du** hast ihn auf dem Tisch im Frühstücksraum ◆ lassen. – Ja, Schatz.

9 Wir müssen jetzt wirklich los, sonst ◆ wir noch unseren Flug. Flugzeuge warten nicht!

12 Die Chefin sollte wirklich mal Urlaub ◆. Sie sieht total überarbeitet aus. Richtig fertig!

13 Das macht keinen Spaß: Im Regen an der Haltestelle stehen und auf den Bus oder auf die Straßenbahn ◆.

14 Entschuldigung, ◆ Sie sich hier aus? Wir suchen das Hotel Seeleite. – Tut mir leid, ich bin selber fremd hier.

15 Wir sind am Wochenende nicht da, wir ◆ für ein paar Tage weg. – Ahhh, schön für dich. Ich beneide dich, ich möchte auch mal wieder weg◆. Wohin geht's denn?

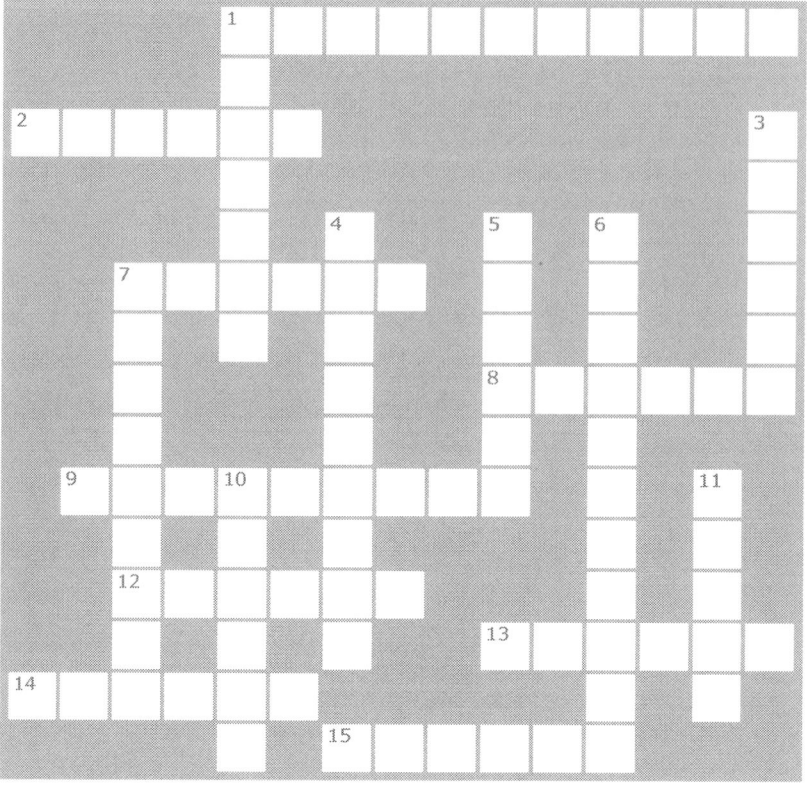

Senkrecht

1 Schatz, wir müssen uns wirklich ◆, unser Zug fährt in 20 Minuten.

3 Wer im Hotelzimmer seine Ruhe haben will, hängt ein »Bitte-nicht-◆«-Schild vor die Tür.

4 Mist, ich hab die Sonnencreme ◆. Das ist dumm. Einen Sonnenbrand möchte ich nicht kriegen. – Da vorn ist ein Kiosk, die haben doch bestimmt Sonnencreme, meinst du nicht?

5 Das ist ja dumm, die nehmen keine Kreditkarten hier im Hotel. – Dann ◆ wir eben bar, wo ist das Problem? – Ich habe kein Bargeld mehr. Du?

6 Meinst du, der Zug wird voll? – Kann schon sein. Wir sollten besser Sitzplätze ◆.

7 Könnt ihr eure Katze eigentlich in den Urlaub ◆? – Nein. Wir bringen sie in eine Katzenpension. – Wie, Katzenpension? Gibt's so was wirklich? – Klar doch.

10 Nein, ich kann leider heute Abend nicht, wir fahren morgen in Urlaub und ich muss noch meine Koffer ◆. – Na, du bist ja früh dran! – Ach was. Das geht bei mir ganz schnell.

11 Ich bin kurz vor zwei in München. Aber wie komme ich dann zu euch raus? – Kein Problem. Wir ◆ dich am Bahnhof ab. – Oh! Danke! Das ist aber nett von euch.

Kann das sein? Reise- und Verkehrsquiz

Antworten im Lösungsteil. Bei Frage 3 ist die Antwortoption ein »ß«, kein »B«.

		richtig	falsch
(1)	Jeder, der in Deutschland in der U-Bahn oder in der Straßenbahn mitfahren will, braucht einen gültigen Führerschein.	A	F
(2)	Schnelle Züge (z. B. IC, ICE) kosten in Deutschland einen Zuschlag.	U	R
(3)	In Deutschland braucht man für jede Fahrt mit dem Zug eine Platzreservierung, sonst muss man 40 Euro Strafe zahlen.	M	ß
(4)	In Deutschland gibt es rund 80 Millionen Einwohner und knapp 44 Mio. Autos (PKW).	G	P
(5)	Einbahnstraßen sind für Autos und andere motorisierte Fahrzeuge gesperrt. Fahrradfahrer dürfen aber hineinfahren.	L	Ä
(6)	In Nürnberg gibt es eine U-Bahn ganz ohne Fahrer. Alles geschieht automatisch: Das Beschleunigen und Bremsen, das Anhalten am Bahnsteig und das Losfahren. Auch die Türen öffnen und schließen vollautomatisch.	N	G
(7)	Wer in Deutschland betrunken Fahrrad fährt, riskiert damit seinen (Auto-)Führerschein.	G	E
(8)	Die riesigen Schiffe, die Öl oder andere Massengüter über die Weltmeere transportieren, heißen Fähren.	N	E
(9)	Die Deutschen lieben die Natur und ganz besonders ihren Wald. Deshalb sind die Wälder besonders geschützt. Wer im Wald spazierengehen oder wandern möchte, braucht eine Eintrittskarte, eine sogenannte Wanderkarte.	B	R
(10)	Ein Auto in Deutschland ist im Durchschnitt 3,5 Jahre alt.	R	Z
(11)	In Hamburg, Bremen und Berlin sind alle öffentlichen Verkehrsmittel – U-Bahn, Bus, S-Bahn undsoweiter – grundsätzlich kostenlos.	K	O
(12)	50 % der Deutschen, die Urlaub machen, fahren mit dem Auto an ihr Urlaubsziel.	N	E
(13)	»Schwarzfahren« heißt: Fahren in öffentlichen Verkehrsmitteln ohne gültigen Fahrschein. Wenn ein Kontrolleur einen Schwarzfahrer erwischt, muss der Schwarzfahrer ein Bußgeld zahlen.	E	K

Lösungswort: In den meisten Innenstädten gibt es einen Bereich, in den Autos nicht hineinfahren dürfen, die

1	2	3	4	5	6	7	8	9	10	11	12	13

Lieblingswörter

Hier könnt ihr Wörter und Redewendungen notieren, die ihr euch merken möchtet. Alles, was ihr interessant, wichtig oder vielleicht lustig oder schwierig findet.

Ihr könnt eine Liste schreiben oder eine Mindmap malen. Oder eure eigene Methode finden.

Lösungen auf Seite 136.

ESSEN & TRINKEN – TEIL 2

In den **fett gedruckten** Wörtern sind die Buchstaben durcheinandergeraten (Beispiel: **häz** = zäh). Wie heißen diese Wörter richtig?

Waagrecht

3 Gut? – Mmmmm! Super, sehr gut. Einfach nur **klerce**! Du bist wirklich ein sehr guter Koch.

6 Dein Salat sieht aber gut aus. – Ja, ist er auch. Richtig schön **schirf** und knackig. Und eine sehr leckere Soße.

7 Ihhh! – Was ist los? – Guck dir mal mein Hähnchen an, das Fleisch ist noch halb **ohr**. – Ihhh! Lass das zurückgehen. Das kannst du so nicht essen.

8 Schmeckt der Wein nicht? – Nein, der ist total **rause**. Ich bestelle ein Wasser.

10 Die geräucherte Forelle, ist die warm oder **talk**? – **Talk**.

11 Vorsicht, die Suppe ist noch sehr **ihße**.

12 Warum ist denn der Kuchen oben so schwarz? – Ach, der ist nur ein bisschen **brangenant**. Bisschen zu lange im Ofen. Man schmeckt es aber überhaupt nicht.

14 Was ist das denn, eine Sahnetorte? Nein danke, die ist mir zu **teft**. Haben Sie Obstkuchen?

Senkrecht

1 Was sind denn bitte *Blaue Zipfel*? – Bratwürste, aber **gehockt**. – Wie bitte? – Ja, nicht gebraten, sondern **gehockt**, mit Zwiebeln und Gewürzen. – Aha. Deshalb heißt es Bratwurst, ja?

2 Ist dein Braten gut? – Ja, eigentlich schon, nur die Soße ist sehr **ziglas**. Ich glaube, da brauche ich noch ein Wasser dazu.

4 Hmmm… wie schmeckt das denn… so etwas habe ich ja noch nie gegessen… ungewohnt… aber eigentlich schmeckt es gar nicht so **lechtsch**!

5 Mein Fleisch ist sehr gut, ganz zart und saftig. – Meins nicht, es ist hart und **rockten** wie ein alter Schuh. Zu lange im Backofen!

8 Alles OK? – Nein! Hilfe! Feuer! Bitte ein Glas Milch! – Oh? Findest du mein Chili zu **frasch**?

9 Mmmm, sind die Erdbeeren lecker. Ganz fruchtig und **üßs**. – Stimmt. Ein Traum. Gib mir bitte noch mal die Sahne rüber, ja?

13 Und du meinst, das hier ist gesund? – Sicher. Grün, vegetarisch und dazu noch **obi**, das muss einfach gesund sein. – Na ja. Wenn du meinst. Hoffentlich schmeckt es auch.

Lass uns mal wieder essen gehen!

1 Dieses Restaurant ist immer sehr voll, meinst du, wir sollten einen Tisch ◆? – Ach, ich denke nicht. Am Wochenende vielleicht, aber nicht unter der Woche.

2 Entschuldigen Sie, haben Sie noch einen Platz für zwei Personen? – Aber sicher. Hier hinten sind noch ein paar Tische ◆. Nehmen Sie Platz, ich bringe Ihnen gleich die Karte.

3 Möchtest du eine Vorspeise? Vielleicht einen Teller ◆? Kürbis-Karotten-◆ mit Ingwer und Sahnehäubchen, klingt doch lecker, oder?

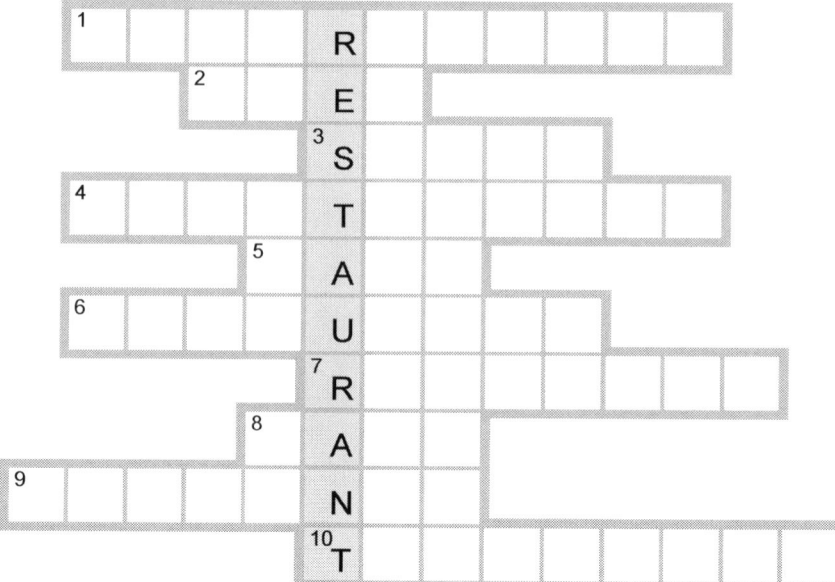

4 Ich glaube, ich bestelle nur eine ◆. Die Portionen hier sind riesig, da möchte ich lieber keine Vorspeise. Was steht denn heute auf der Speisekarte?

5 Uff, war das gut. Ich bin zwar total ◆, aber eine kleine Nachspeise passt noch rein. Die Nachspeisen sind sehr gut hier. Aber was? Vielleicht ein Eis?

6 Möchtest du die Hälfte von meinem Nachtisch? – Uhh, nein, danke, ich kann nicht mehr. Lass mich nur mal ein Löffelchen ◆. Mhhm, lecker!

7 Bedienung! Wir möchten zahlen bitte. Bitte bringen Sie uns die ◆.

8 Bitte lass dein Geld stecken. Ich habe doch gesagt, ich ◆ dich ein!

9 Kann ich alles zusammen auf eine Rechnung schreiben, oder zahlen Sie ◆? – Nein, das geht zusammen bitte.

10 Sag mal, wieviel ◆ gibt man denn der Bedienung in Deutschland? – Ich denke, so 10-15 %.

Was sagt man bei Tisch?

Wenn man sich zum Essen hinsetzt:	☐☐☐☐☐ ☐☐☐☐☐☐
Beim Trinken:	☐☐☐☐☐ oder ☐☐☐☐

Und, wie ist das Essen?

1 Dein Tee sieht aber ziemlich dünn aus. – Das ist er auch. – Dafür ist mein Kaffee viel zu ◆. Der weckt ja Tote auf! Da kann ich heute Nacht bestimmt nicht schlafen.

2 Das ist aber nicht gerade das billigste Restaurant in der Stadt, oder? – Nein. Es ist sehr gut, aber leider auch ziemlich ◆.

3 Was ist denn hier los? Vor einer halben Stunde war das ganze Lokal leer, und jetzt sind alle Plätze ◆. – Da hinten ist noch ein Tisch frei!

4 Schmeckt gar nicht mal schlecht, oder? – Finde ich auch. Ich finde, es schmeckt sogar sehr ◆.

5 Die Bananen hier sind noch total grün und hart, schau mal. Die kann man noch gar nicht essen. – Die hier sind besser, die sind wenigstens einigermaßen ◆. Die können wir nehmen.

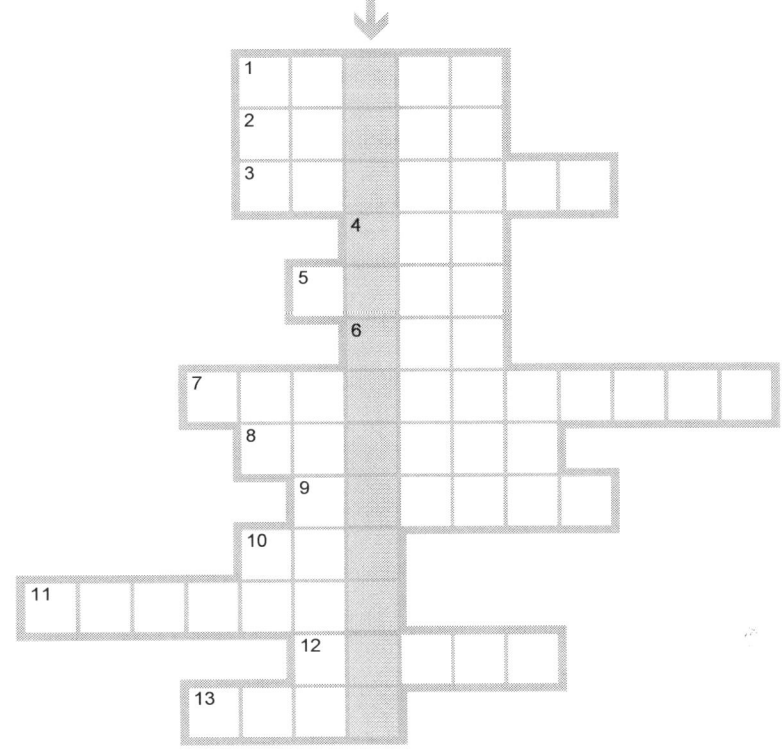

6 Mein Fleisch ist gut, schön zart und weich, und deins? – Hm. Das kann man kaum schneiden. Total ◆, wie ein alter Schuh. Ich glaube, ich lasse das zurückgehen.

7 Schweinebraten, Rinderfilet, Brathähnchen, Lammkotelett, Bratwurst, Gulasch, Schnitzel, Rouladen... gibt es hier auch etwas ohne Fleisch? – Oh je. Wolltest du ◆ essen? Ich fürchte, dann sind wir hier falsch! Hier bekommst du höchstens ein Käsebrot.

8 Die Erdbeeren kommen bestimmt aus der Tiefkühltruhe. – Nein, die Bedienung hat gesagt, sie sind ◆. Warum auch nicht, es ist doch jetzt Erdbeerzeit! – Aber sie sind ganz matschig, schau mal.

9 Auf der Karte steht, das Curry ist mild, aber das finde ich überhaupt nicht. Ich finde es viel zu ◆. Das brennt ja wie Feuer.

10 Was ist denn Sushi? – Fisch, japanisch. – Ist der gekocht oder gebraten? – Weder noch. Fisch im Sushi ist immer ◆. – ◆??? – Ja. Probier das mal, das schmeckt ganz lecker!

11 Schmeckt dir der Wein? – Hm. Ein bisschen arg fruchtig für meinen Geschmack. Probier mal. – Stimmt. Der ist ziemlich süß. Aber auf der Karte stand doch, der Wein ist ◆, oder?

12 Wie möchtest du dein Ei, hart? – Nein, vier Minuten bitte. Ich mag mein Frühstücksei gern ◆.

13 Möchtest du noch einen Nachtisch? – Danke, nein, ich bin total ◆. Wenn ich noch einen einzigen Bissen esse, platze ich.

Das **Lösungswort** ist ein anderes Wort für »sehr gut«.

Geschirr, Besteck und was man sonst noch so braucht

Waagrecht

1 Suppe kocht man in einem ◆. Natürlich kann man darin auch Gemüse oder einfach nur Wasser kochen.

3 Natürlich haben wir auch Tee. Wir haben schwarzen Tee, Pfefferminztee oder Früchtetee. Möchten Sie eine ◆ oder ein Kännchen?

6 Ich stelle eine ◆ Tee oder Kaffee auf den Tisch; einschenken kann sich jeder selbst.

7 Fleisch schneidet man mit einem ◆.

8 Wer will schon von einer nackten Tischplatte essen? Es ist doch viel netter, wenn man eine hübsche Tisch◆ auf den Tisch legt.

9 Suppe isst man mit einem ◆, und zum Kaffee oder Tee gibt es auch einen kleinen ◆, unter anderem, um Zucker und Milch umzurühren.

11 Möchten Sie noch ein ◆ Bier?

13 Eine große Tasse nennt man einen ◆.

14 Früher aßen alle Leute gemeinsam aus einem Topf oder einer Schüssel; niemand hatte einen eigenen ◆.

Senkrecht

2 Man verwendet eine ◆, um etwas anzubraten.

4 Den Salat richtet man in einer großen ◆ an.

5 Jeder Topf, jede Pfanne braucht auch einen ◆, damit nicht die ganze Flüssigkeit verdampft.

10 Die Gläser sind alle in der Spülmaschine? Na ja. Natürlich kann man Wasser oder Bier auch direkt aus der ◆ trinken.

11 Salat isst man mit der ◆, und auch für den Kuchen gibt es eine kleine Kuchen◆.

12 Auf einen hübsch gedeckten Tisch gehört natürlich auch eine ◆; die gibt ein schönes romantisches Licht für ein gemütliches Essen zu zweit.

Lösungswort: Teller, Gläser und Besteck auf den Tisch legen, vielleicht eine Tischdecke auflegen und eine Kerze draufstellen – all das nennt man »den Tisch ◆«. Die Buchstaben des Lösungswortes (die mit den Kreisen) müsst ihr erst richtig sortieren.

Verben rund um's Kochen und Essen

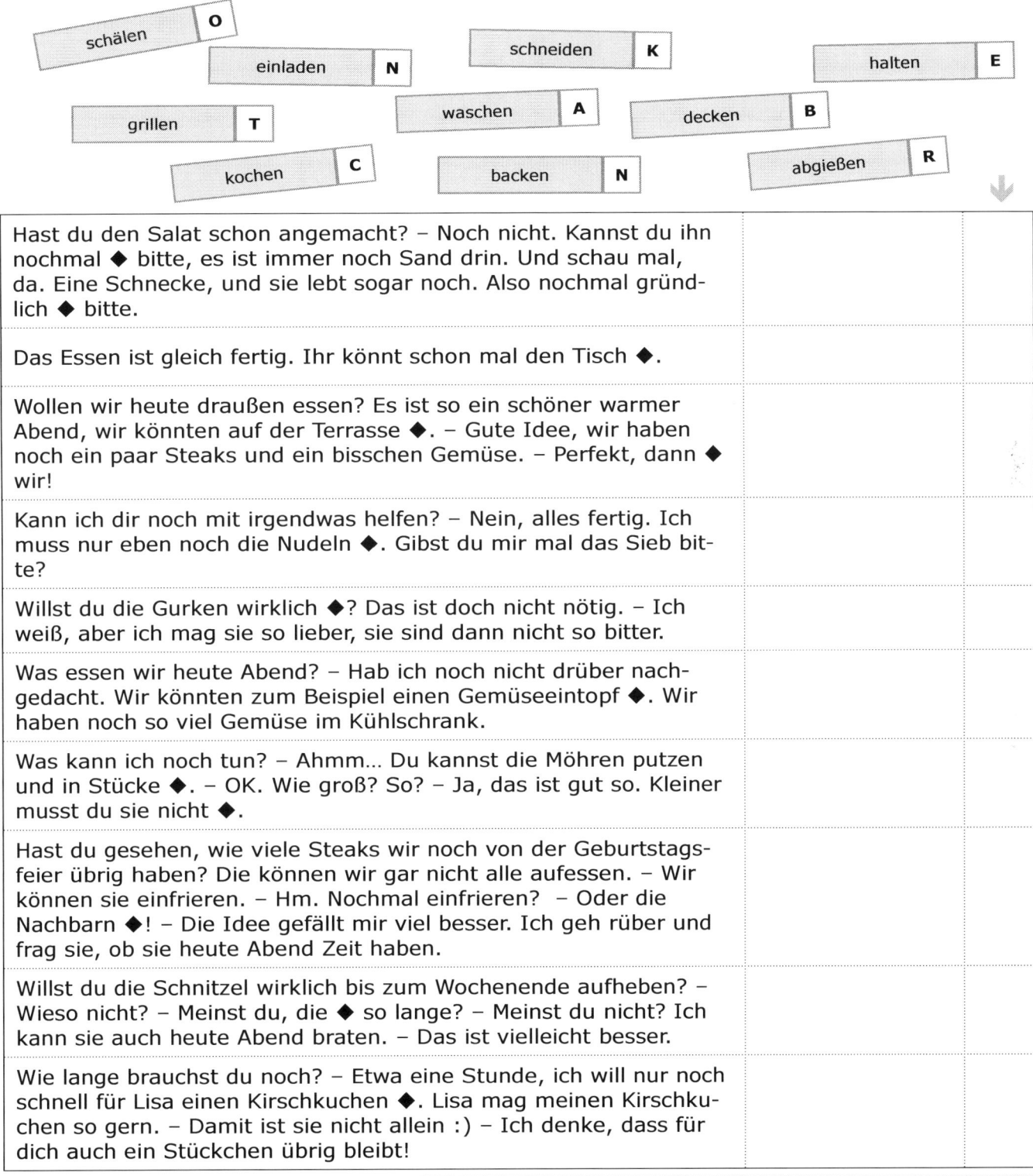

Hast du den Salat schon angemacht? – Noch nicht. Kannst du ihn nochmal ◆ bitte, es ist immer noch Sand drin. Und schau mal, da. Eine Schnecke, und sie lebt sogar noch. Also nochmal gründlich ◆ bitte.		
Das Essen ist gleich fertig. Ihr könnt schon mal den Tisch ◆.		
Wollen wir heute draußen essen? Es ist so ein schöner warmer Abend, wir könnten auf der Terrasse ◆. – Gute Idee, wir haben noch ein paar Steaks und ein bisschen Gemüse. – Perfekt, dann ◆ wir!		
Kann ich dir noch mit irgendwas helfen? – Nein, alles fertig. Ich muss nur eben noch die Nudeln ◆. Gibst du mir mal das Sieb bitte?		
Willst du die Gurken wirklich ◆? Das ist doch nicht nötig. – Ich weiß, aber ich mag sie so lieber, sie sind dann nicht so bitter.		
Was essen wir heute Abend? – Hab ich noch nicht drüber nachgedacht. Wir könnten zum Beispiel einen Gemüseeintopf ◆. Wir haben noch so viel Gemüse im Kühlschrank.		
Was kann ich noch tun? – Ahmm… Du kannst die Möhren putzen und in Stücke ◆. – OK. Wie groß? So? – Ja, das ist gut so. Kleiner musst du sie nicht ◆.		
Hast du gesehen, wie viele Steaks wir noch von der Geburtstagsfeier übrig haben? Die können wir gar nicht alle aufessen. – Wir können sie einfrieren. – Hm. Nochmal einfrieren? – Oder die Nachbarn ◆! – Die Idee gefällt mir viel besser. Ich geh rüber und frag sie, ob sie heute Abend Zeit haben.		
Willst du die Schnitzel wirklich bis zum Wochenende aufheben? – Wieso nicht? – Meinst du, die ◆ so lange? – Meinst du nicht? Ich kann sie auch heute Abend braten. – Das ist vielleicht besser.		
Wie lange brauchst du noch? – Etwa eine Stunde, ich will nur noch schnell für Lisa einen Kirschkuchen ◆. Lisa mag meinen Kirschkuchen so gern. – Damit ist sie nicht allein :) – Ich denke, dass für dich auch ein Stückchen übrig bleibt!		

Lösungswort: Mit dem Kochen ist es aber nicht getan. Man muss auch aufräumen, saubermachen, die Spülmaschine einräumen und/oder das Geschirr spülen und ◆.

Süßes aller Art

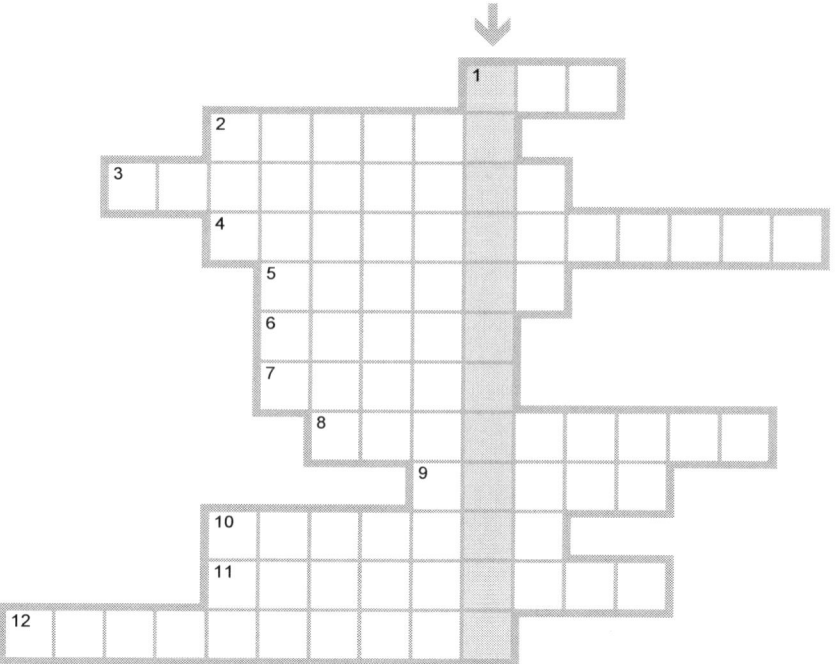

1 Süß und kalt. Sehr beliebt v.a. im Sommer. Es gibt viele Sorten, z.B. Schoko◆, Vanille◆ und sehr viele Sorten Frucht◆.

2 Er macht alle Speisen süß, auch Getränke wie Kaffee, Tee oder Limonade.

3 Sie ist aus Früchten gemacht und man streicht sie auf's Brot oder auf's Brötchen. Sie enthält sehr viel Zucker, oft 50% oder mehr, damit sie gut haltbar bleibt.

4 Kleine »Tiere«, süß, bunt und mit Fruchtgeschmack. Kinder lieben sie, viele Menschen, die keine Kinder mehr sind, auch. Manchmal sind sie sogar wirklich aus Fruchtsaft gemacht. Es gibt viele Sorten und Formen, aber klassischerweise heißen sie ◆.

5 Ein Stück ◆ gehört in Deutschland zum Sonntagnachmittagskaffee unbedingt dazu. Die meisten sind süß (Obst◆, Schokoladen◆, Nuss◆ etc.), aber wir essen auch Zwiebel◆ und Speck◆ – dazu gibt es dann aber keinen Kaffee!

6 Sie ist aus dem fetten Teil der Milch und kommt manchmal oben auf den 5 ➔ drauf, oft auch auf den Eisbecher oder auf den Obstsalat.

7 Ein süßes alkoholisches Getränk. Man trinkt es aus kleinen Gläschen, aber es ist nicht so stark und nicht so scharf wie Schnaps. Es gibt sehr viele Sorten, z.B. viele Arten Kräuter◆, Frucht◆ und ein paar ganz bekannte Sorten wie Amaretto (Mandel◆), Aperol oder Anisette.

8 Kleines Gebäck speziell zu Weihnachten. Es gibt in Deutschland sehr viele Sorten, z.B. Vanillekipferl, Zimtsterne oder die sogenannten Pfeffernüsse (die übrigens keinen Pfeffer enthalten, aber andere scharfe Gewürze wie Nelken oder Ingwer).

9 Ebenso wie 3 ➔ isst man ihn gerne morgens zum Brötchen, aber er ist ein reines Naturprodukt. Oft schmeckt er nach genau den Blüten, an denen die Bienen ihn gesammelt haben. Er heißt dann z.B. Tannen◆, Lindenblüten◆ oder Sonnenblumen◆, und es gibt sogar Thymian- oder Lavendel◆.

10 Ein anderes Wort für Nachtisch. Man findet es oft auf Speisekarten.

11 Ein anderes Wort für 3 ➔

12 Die Königin der Süßigkeiten, oder? Die wichtigste Zutat ist Kakao, außerdem enthält sie Milch, Zucker und oft auch noch Nüsse, Mandeln oder sogar Gewürze wie Chili oder Zimt.

Lösungswort: Ein beliebtes Gebäck zum Nachmittagskaffee. Nicht gerade Diät, aber… lasst es euch schmecken. Und: Vergesst nicht, euch nach diesem Rätsel die Zähne zu putzen :)

Getränke, worin wir sie kaufen und woraus wir sie trinken

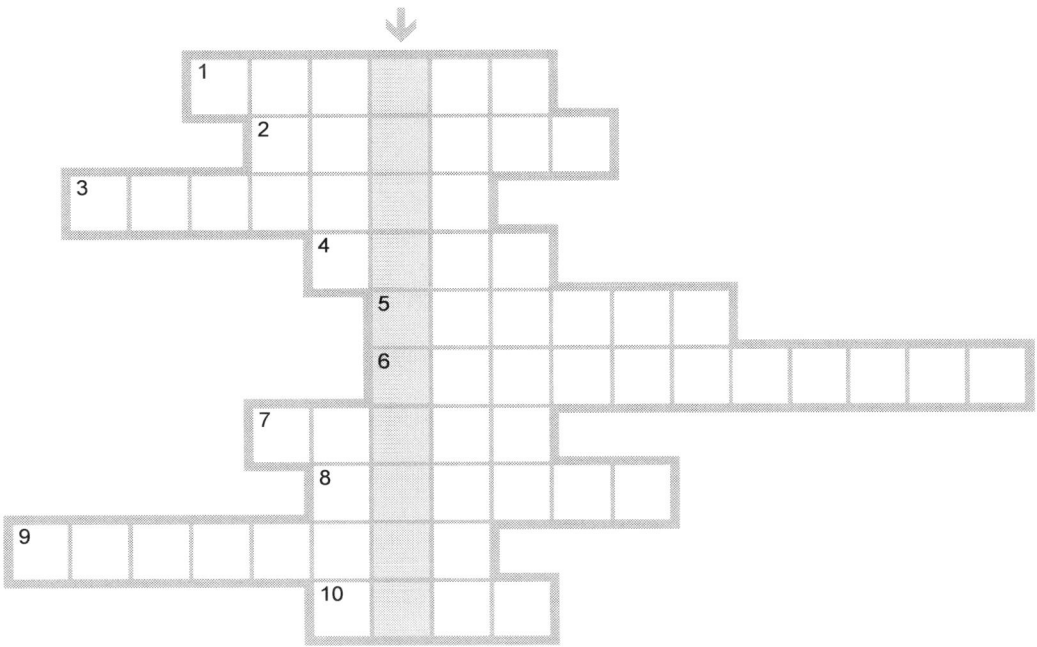

1 Das wichtigste Getränk weltweit. Man trinkt es überall, in jedem Land und auf jedem Kontinent.

2 Auf großen Feiern oder Volksfesten gibt es für Getränke oft keine Gläser, sondern nur Plastik◆. Das ist praktisch, produziert aber viel Müll.

3 Bier kauft man in der Regel in einer Halbliter◆, Wein ist meist in einer 0,75-Liter- oder in einer Liter◆.

4 Diese Getränkeverpackung ist aus Weißblech oder Aluminium. V.a. Softdrinks (Erfrischungsgetränke ohne Alkohol) und Bier kaufen wir oft in der ◆; allerdings ist das nicht sehr umweltfreundlich, denn eine ◆ kann man – im Gegensatz zu einer Flasche – nur einmal verwenden.

5 Die Deutschen sind große ◆trinker. Drei Viertel von uns trinken täglich mindestens eine Tasse, und meistens bleibt es nicht bei einer.

6 Der beliebteste Fruchtsaft. Weltweit trinken die Menschen 12 Milliarden Liter pro Jahr!

7 Man macht aus ihr Butter, Käse und Joghurt, aber man kann sie natürlich auch trinken.

8 Ganz schön schwer, so ein voller ◆ Wasser mit 12 Literflaschen drin!

9 Ein Erfrischungsgetränk ohne Alkohol, aber meistens mit viel Zucker. ◆ schmeckt oft nach Zitrone oder nach anderen Früchten.

10 Ein alkoholisches Getränk aus Trauben. Es gibt Rot- und Weiß◆ und auch etwas dazwischen, das Rosé heißt.

An unser **Lösungswort** (graue Kästchen, von oben nach unten) denkt man nicht unbedingt, wenn man über »Getränke« nachdenkt. Aber man kann sie sehr wohl trinken. Es ist ein Heißgetränk, meistens macht man sie mit Milch, manchmal mit Wasser und Sahne obendrauf.

Kreuzworträtsel Obst und Gemüse

Waagrecht

3 Sie sind länglich, rötlich-orange und wachsen unter der Erde. Ein beliebtes Gemüse für Babybrei. Sie heißen auch Karotten (Pl.).

4 Eine Gemüsesorte. Kleine runde grüne Körner. Oft kauft man sie tiefgefroren oder in der Dose, seltener frisch (Pl.).

5 Grün, lang, frisch, 95 % Wasser. Für Salat (Sing.).

9 Eine riesige Frucht. Viele Sorten kann man essen, manche verwendet man nur zur Dekoration, z. B. zu Halloween (Sing.).

11 Dicke Stangen, unten weiß, oben grün. Diese Gemüsesorte ist mit Zwiebeln verwandt und schmeckt auch ähnlich wie Zwiebeln.

12 Sie sind sehr klein und man kauft sie nicht frisch, sondern getrocknet, manchmal auch in der Dose. In Deutschland machen wir Suppe daraus. In der arabischen und der indischen Küche sind sie sehr beliebt, fast so wichtig wie bei uns Kartoffeln (Pl.).

13 Eine sehr beliebte gelbe Südfrucht (Sing.).

Senkrecht

1 Dieses Obst ist in Deutschland das beliebteste, jedenfalls von denen, die bei uns im Land wachsen (Sing.).

2 Eine runde Südfrucht. Eine Farbe hat ihren Namen von dieser Frucht (Sing.).

6 Diese Frucht ist eiförmig, sie ist auch ungefähr so groß wie ein Ei. Sie ist innen grün und außen braun und rau, und sie hat den Neuseeländern ihren Spitznamen gegeben, denn sie kommt (ursprünglich) aus Neuseeland (Sing.).

7 Sie gehören zur Verwandtschaft der Paprika, aber sie sind viel kleiner und schärfer. Es gibt sie rot oder grün, frisch, getrocknet oder als Gewürzpulver, und mit allen muss man vorsichtig sein (Sing.)!

8 Eine Obstsorte. Sie heißen »rot« oder »weiß« (Pl.), aber sie sind niemals weiß, sondern eher gelblich oder grünlich, und die »roten« sind auch nicht rot, sondern eher blau. Man kann Wein aus ihnen machen, aber man kann sie natürlich auch essen. Der Saft ist auch beliebt (Pl.).

9 Keine Sorte, sondern eine ganze Gemüse-Familie: Es gibt Rot-, Weiß-, Grün-, Rosen- und Blumen◆, und wahrscheinlich noch eine ganze Reihe weiterer Sorten, die mir gerade nicht einfallen. Brokkoli gehört übrigens auch dazu.

10 Ein grünes Blattgemüse. In Deutschland kommt es meist mit Kartoffeln und Spiegelei auf den Tisch.

Lösungswort: Das beliebteste unserer Küchenkräuter in Deutschland. Unentbehrlich für Suppe, Soßen und Salat:

1	2	3	4	5	6	7	8	9	10

Einsetzrätsel »Essen«

Hier müsst ihr das Rätsel selber zusammenbauen. Jedes Wort zum Thema »Essen«
passt in das Rätsel, alle werden verwendet, jedes nur ein Mal.

Vorsicht: In der Wortliste unten gibt es Wörter, die nicht zum Thema »Essen« gehören.
Diese Wörter dürft ihr nicht ins Rätsel einbauen!!!

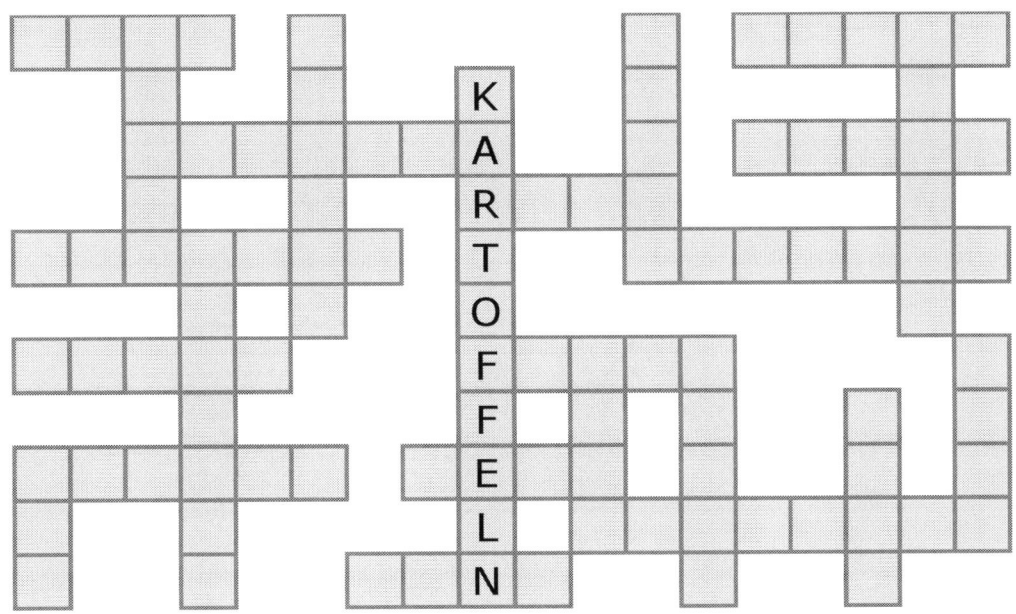

3 Buchstaben

Arm

Eis

Rad

Bad

4 Buchstaben

Eier

Huhn

Käse

Mehl

Mond

Reis

Rose

Salz

Sand

Senf

Wald

5 Buchstaben

Äpfel

Fisch

Honig

Jacke

Milch

Pilze

Suppe

Wiese

Wurst

6 Buchstaben

Erbsen

Gurken

Koffer

Schuhe

Zimmer

Zucker

7 Buchstaben

Fleisch

Paprika

Plastik

Pfeffer

Tomaten

8 Buchstaben

Zwiebeln

10 Buchstaben

~~Kartoffeln~~

Lieblingswörter

Hier könnt ihr Wörter und Redewendungen notieren, die ihr euch merken möchtet. Alles, was ihr interessant, wichtig oder vielleicht lustig oder schwierig findet.

Ihr könnt eine Liste schreiben oder eine Mindmap malen. Oder eure eigene Methode finden.

Lösungen auf Seite 138.

Natur, Umwelt und Wetter

Bei Wind und Wetter

1 Für Gärtner, auch für Balkongärtner, und für Bauern ist das im Herbst eine wichtige Frage: Wann fallen die Temperaturen unter Null; wann gibt es den ersten ◆ in diesem Jahr? Denn viele Pflanzen vertragen keinen ◆. Man muss sie in die Wohnung oder ins Gewächshaus bringen – oder sie erfrieren.

2 Bei Temperaturen unter Null gefriert Wasser zu ◆.

3 Wer bei ◆ aus dem Haus geht, braucht eine ◆jacke oder einen ◆schirm – oder er wird eben nass.

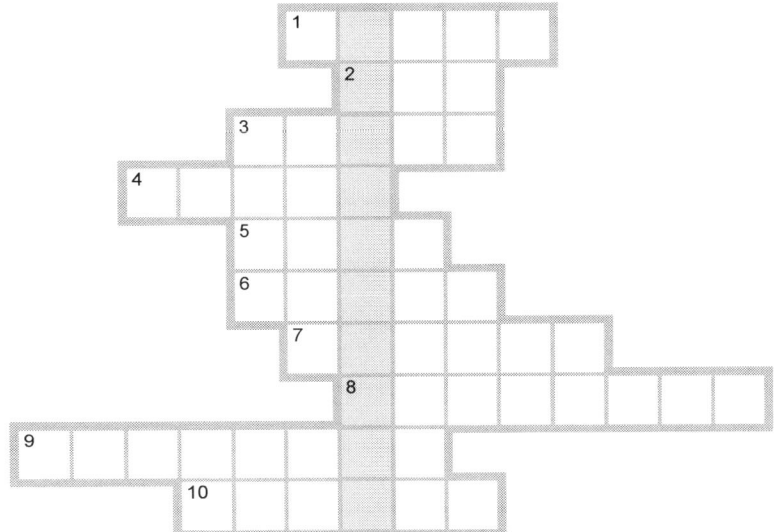

4 Schön, wenn sie scheint! Die meisten Leute haben dann gleich bessere Laune, und alles sieht freundlicher aus.

5 Manche Menschen mögen ihn, andere nicht. Er kann sanft sein oder heftig, warm oder kalt, er weht, pfeift, bläst, heult, reißt im Herbst die Blätter von den Bäumen und wirbelt alles ordentlich durcheinander. Wenn er sehr stark bläst, nennen wir ihn Sturm oder Orkan.

6 Dieses Wetterphänomen mögen Autofahrer gar nicht, denn dabei ist viel Feuchtigkeit in der Luft. Man kann oft nur ein paar Meter weit sehen.

7 Manchmal stehen sie als weiße Schönwetter◆ am Himmel, an anderen Tagen hängen sie tief auf die Erde, sind grau und schwer und bringen Niederschläge, also Regen oder Schnee.

8 Noch etwas, das Autofahrer fürchten: Wenn die Straßen nass sind und es dann schnell und heftig friert, kann es ◆ geben, und dann wird Autofahren zur Glückssache, vor allem das Lenken und Bremsen!

9 Schwarze Wolken, Blitz, Donner, heftiger Regen, Sturm und Hagel, das alles zusammen ist ein ◆.

10 Er ist weiß und fällt im Winter, wenn es kalt genug ist (unter Null). Skifahrer lieben ihn, Autofahrer (wieder einmal) eher nicht.

Lösungswort: Er hat alle Farben, rot, orange, gelb, grün, blau, violett; und wer bis zu seinem Ende geht, der findet dort einen Topf mit Gold ;-)

Wie wird das Wetter?

In den **fett gedruckten** Wörtern sind die Buchstaben durcheinandergeraten (Beispiel: **trewet** = Wetter). Wie heißen diese Wörter richtig?

Waagrecht

1 Es gibt bestimmt bald ein Gewitter, es dauert nicht mehr lang. – Ja, das glaube ich auch. Die Luft steht richtig. Es ist wirklich unerträglich **wülsch** heute.

5 Es ist sehr schön draußen, aber der Wind ist **schirf**. Nimm mal lieber eine Jacke mit!

6 So ein schöner Nachthimmel, und so viele Sterne! – Ja, tatsächlich. Es ist ganz **lark**. Man sieht wirklich eine Million Sterne, und die Milchstraße, zum Greifen nah!

7 So ein blödes Wetter, mal so, mal so, Regen, Sonne und Schnee in einer halben Stunde. – Ja, typisch April, total **schwefelhat**.

10 Das Schönste am Sommer sind die langen **marwen** Abende, wenn man draußen sitzen kann, auf dem Balkon, auf der Terrasse oder in einem Biergarten…

12 Ich hasse den November. Hitze, Kälte, Regen, Schnee, alles ist mir lieber als dieses Wetter, wenn es wochenlang nur grau und **brüt** ist. Das deprimiert mich ohne Ende :(

14 Warum kommst du denn jetzt erst, hattest du Stau auf der Autobahn? – Nein, aber schau mal aus dem Fenster. Es ist total **gliben** draußen, ich bin die meiste Zeit im Schritttempo gefahren. Man sieht keine fünf Meter weit. – Ach je. Das ist wahr. Man sieht nichts!

15 Meinst du, es bleibt **centork** heute? – Hm. Ich nehme lieber meinen Regenschirm mit.

Senkrecht

2 Uff, ist das eine Hitze. Morgens um zehn schon fast dreißig Grad. – Ja, und es wird noch **heßire**. Bis 38 Grad, sagt der Wetterbericht.

3 Kalt ist es noch nicht, aber die Abende sind schon recht **hülk** jetzt. Es macht jetzt keinen großen Spaß mehr, abends draußen zu sitzen.

4 Und, wie war das Wetter in Spanien? – Viel schlechter als hier in Deutschland, es war die ganze Zeit **talk**, und wir hatten praktisch Dauerregen. – Oh. Da habt ihr aber Pech gehabt mit eurem Urlaubswetter. – Das kannst du laut sagen. Nächstes Jahr bleiben wir zu Hause :(

8 Brrhh, ist das kalt draußen. – Ja, aber es ist **ginson**, und der Schnee glitzert so schön. Komm, wir laufen ein Stückchen. – Bei der Kälte??? Muss das sein? – Komm schon, du Stubenhocker. Ein bisschen frische Luft hat noch keinem geschadet.

9 Was sagt denn der Wetterbericht? – Es wird ganz gut heute, **triehe** bis wolkig, maximal zwanzig Grad. – Hm. Kein so tolles Badewetter. – Nein, aber Wanderwetter. Komm!

10 Und, wie war eure Radtour durch Holland? – Hör bloß auf. Holland ist zwar flach, aber am Meer ist es eben immer **wingid**. Mich hat's ein paarmal fast vom Fahrrad geweht.

11 Hast du diese Pflanzen draußen auf dem Balkon überwintert, oder holst du die im Winter rein? – Normalerweise hole ich sie rein, aber dieser Winter war ja extrem **limd**, wir hatten praktisch keinen Frost. Die Pflanzen habe ich alle draußen gelassen.

13 Hoffentlich wird das Wetter nächste Woche **bresse** als diese. Ich habe nächste Woche Urlaub. – Oh je. Laut Wetterbericht bleibt es weiterhin »regnerisch und für die Jahreszeit zu kalt«. – Na, toll!

Lösungswort: Ohne Wind ist es

1	2	3	4	5	6	7	8	9

Landschaften und Weltgegenden

1 Von diesem Punkt aus kann man nur in eine Richtung gehen: nach Süden. Dies ist der nördlichste Punkt der Erde.

2 Viele Bäume zusammen sind ein ◆.

3 Eine Landschaft fast ohne Wasser. Hier gibt es nur Steine, Sand, eine glühend heiße Sonne, vielleicht mal eine Oase... oder ist das eine Luftspiegelung, eine »Fata Morgana«???

4 Viele Berge zusammen sind ein ◆ (z.B. die Anden, der Himalaya, die Alpen).

5 Die großen Landmassen der Erde, z.B. Afrika, Europa/Asien, Nord- und Südamerika, heißen ◆ (Pl.).

6 Land mitten im Meer: eine ◆. Eine ◆ kann ziemlich klein sein – oder groß, wie Sardinien oder Mallorca, oder sogar ein ganzes Land (Irland oder Madagaskar zum Beispiel).

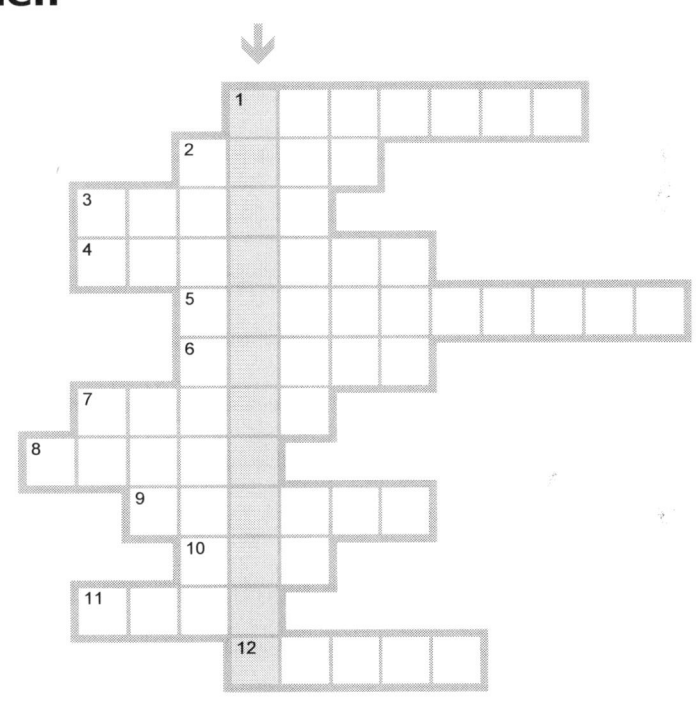

7 Ein anderes Wort für Meer (z.B. atlantischer ◆, pazifischer ◆)

8 Das ist kein richtiger Berg. Das ist nur ein kleiner, einigermaßen flacher ◆. Jedenfalls braucht man nicht zu klettern, um da raufzukommen.

9 Die Spitze eines Berges – da, wo alle Bergsteiger und Kletterer hinwollen – ist sein ◆.

10 Zwischen zwei Bergen liegt ein tiefes ◆.

11 Der »Rand« eines Gewässers ist sein ◆.

12 Die West◆ von Irland ist sehr wild und malerisch, hohe Klippen, kaum Sandstrände.

Lösungswort: Hier sind die Menschen nur Gäste. In einem _____ ist die Natur sich selbst überlassen, Pflanzen können dort wachsen wie und wo sie wollen, und auch die Tiere sind geschützt.

Haus- und Nutztiere

Es gibt gar nicht so viele Tiere, die wir Menschen »gezähmt« haben: Tiere, die ohne uns gar nicht mehr leben könnten, um die wir uns jeden Tag kümmern, die wir reiten, die uns Milch, Fleisch und Wolle liefern oder die unser Leben teilen (man nennt sie »Nutztiere« oder »Haustiere«, im Gegensatz zu den Wildtieren). Sieben sehr wichtige davon findet ihr ➜ hier in diesem Rätsel. Ihr müsst die Buchstaben im grauen Kasten einsetzen und die Wortgrenzen finden. Das Lösungswort ⬇ ist auch ein Tier, aber ist es ein Wildtier oder ein Nutztier?

A – E – E – F – L – N – T

R	E	G	E	Z	I		G	E	R	E	I
U	R	M	E	S	E		F	Z	E	L	R
B	E	S	C	H	W		I	N	K	A	G
L	Ü	E	G	A	P		E	R	D	U	N
S	U	M	S	C	H		F	Ü	S	D	E
I	N	K	Y	H	U		D	U	B	E	R
G	L	A	R	K	A		Z	E	B	I	N

Wetterverben

Waagrecht

2 So eine Kälte. Ich ◆ richtig. – Selber schuld. Zieh doch eine Jacke an, und Handschuhe.

5 Puhh, ist das heiß heute. Ich ◆ wie verrückt. – Ich auch. Ich gehe gleich mal unter die Dusche.

6 Eigentlich ist es schön draußen, aber es ◆ ein ziemlich kalter Wind.

7 Die Sonne ◆ im Osten auf.

Senkrecht

1 Es ◆. Nimm einen Schirm mit. – Nicht schon wieder!

3 Die Wolken sind weg, die Sonne ◆.

4 Das Wetter ändert sich nicht: Es ◆ weiter schön.

5 Schau mal, es ◆! – Ach, das sind bloß ein paar einzelne Flocken, die bleiben sicher nicht liegen. – Schade :(

6 Das Wetter ändert sich: Es ◆ kälter.

Tier- und Pflanzenverben

Rüber

3 Katzen ◆ bis zu 16 Stunden am Tag, hast du das gewusst? – Wirklich? Ich dachte, die sind den ganzen Tag draußen und fangen Mäuse und Vögel. – Meine beiden nicht. Die liegen tatsächlich die meiste Zeit zusammengerollt auf dem Sofa und ◆.

4 Wir müssen dringend den Garten ◆. Der Boden ist völlig ausgetrocknet. – Der Wetterbericht hat Regen angekündigt. Aber wenn es heute Abend nicht regnet, müssen wir ◆, das stimmt.

5 Kann ich deine Meerschweinchen aus dem Käfig nehmen? Oder ◆ die? – Nein, nein. Die sind ganz zahm, die ◆ nicht.

6 Hallo! Könnten Sie mal Ihren Hund festhalten bitte??? – Ach, der tut Ihnen nichts, der macht nur Krach. Sie wissen doch, Hunde, die ◆, beißen nicht. – Könnten Sie ihn vielleicht trotzdem an die Leine nehmen, bitte??? Danke!!!

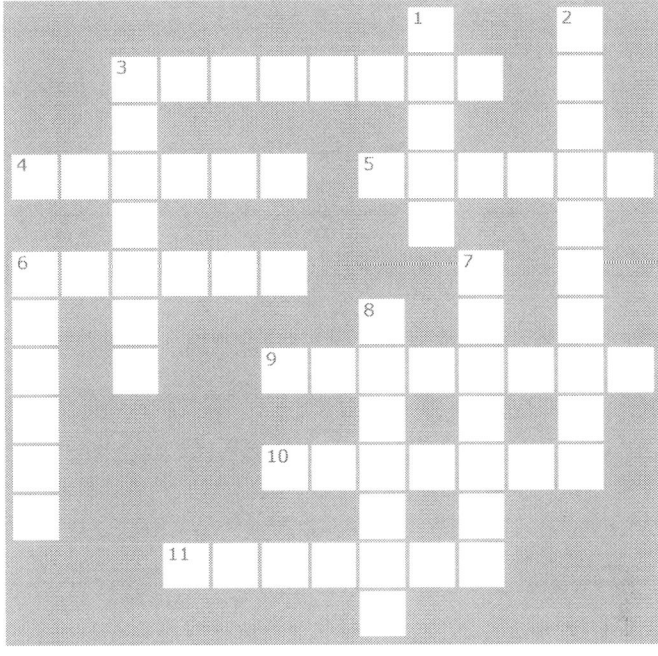

9 Schöner Blumenstrauß, den du da hast. Wo hast du den her? – Aus dem Stadtpark. – Aber du kannst doch nicht einfach in den Stadtpark gehen und dort Blumen ◆! – Nein?

10 Was ◆ denn deine Meerschweinchen? – Ach, Heu, Möhren, Gurken, Salat, solche Sachen. Äpfel mögen sie auch. Und die Blätter von unserem Apfelbaum. – Blätter vom Apfelbaum? – Ja. Die ◆ sie total gern.

11 Ich komme gleich, ich muss nur noch schnell meine Katze ◆, sie hat Hunger. – Ja, das sieht man, so wie sie dir um die Beine streicht und maunzt... was kriegt sie denn? – Ach, einfach Katzenfutter aus der Dose.

Runter

1 Wann kommst du? – So gegen acht. Ich muss erst noch mit dem Hund Gassi ◆, wenigstens kurz, er war den ganzen Tag allein. – OK, dann bis acht!

2 Das macht Spaß, deine Katze zu ◆. Sie hat so ein schönes weiches Fell. Und wie laut die schnurrt! – Die kann auch anders. Pass bloß auf. Wenn ihr etwas nicht passt, kratzt sie.

3 Das ist aber lieb von dir, dass du mir Blumen mitbringst. Und so schöne Tulpen! Warte kurz, ich will sie nur schnell in die Vase ◆.

6 Schöne Rosen hast du im Garten. Und die ◆ ja über und über, in allen Farben! – Ja, ich bin sehr stolz auf meine Rosen. Möchtest du dir einen Strauß mitnehmen?

7 Du hast ja Tomaten auf den Balkon! Ich wusste gar nicht, dass die im Topf überhaupt ◆. – Doch, die ◆ hier sehr gut, sie tragen sogar Früchte. Hier, probier mal eine Balkon-Tomate!

8 Was sind das nochmal für Enten, die ihr da im Garten habt? – Indische Laufenten. Die fressen die Schnecken. – ◆ die nicht weg, da ist doch bloß so ein kleiner niedriger Zaun...? – Nein, die können überhaupt nicht richtig ◆. Das sind doch *Lauf*-Enten.

Die Umwelt schützen: Pro und Kontra

In den **fett gedruckten** Wörtern sind die Buchstaben durcheinandergeraten, es sind aber alle Buchstaben da. Wie heißen diese Wörter richtig?

Waagrecht

1 Was wollen diese Tierschützer eigentlich? – Sie fordern: Walfang **popsten**. – Es gibt doch gar keine kommerzielle Jagd auf Wale und Delfine mehr, oder? – Doch, einige Länder tun das noch. Japan und Island, glaube ich. Ich schau mir das mal näher an.

4 Warum gibt es denn überall nur noch diese komischen Energiesparlampen zu kaufen? – Weil die viel weniger Energie **bauchverren** als die alten Glühbirnen. – Na, dann. Gut, meinetwegen.

7 Was ist denn da vorne los? So viele Leute mit Plakaten und Transparenten, und sie rufen auch etwas. – Das ist bestimmt wieder diese Umweltgruppe, die **monsterrieden** gegen die neue Straße zum Flughafen. Bloß weil man ein paar Bäume fällen muss. – Es geht nicht um ein paar Bäume, es geht um den ganzen Stadtwald!!! Ich geh rüber. – Du kannst doch nicht einfach so bei einer Demo mitlaufen! Du weißt doch gar nicht, was das für Leute sind! – Unsinn. Bis später dann.

10 Schau mal, da vorne ist ein Stand von Greenpeace. Was wollen die schon wieder? – Sie fordern, die Arktis zu **zütschen**. – Die Arktis? Was gibt es da zu **zütschen**, außer Eis und Schnee?

11 Also, ich wiederhole: Das Altpapier kommt in die blaue Tonne, Gemüseabfälle in die Biotonne, leere Flaschen in den Glascontainer, alte Batterien in den Sondermüll und der Rest… in die Restmülltonne. Mehr Mülltonnen habt ihr nicht? Ihr spinnt mit euerem Abfall-sammel-System, ihr Deutschen, ist dir das klar? – Wieso? Findest du es nicht gut, dass wir den Müll **nentern**? So kann man die Rohstoffe wiederverwerten. – Ja. Aber.

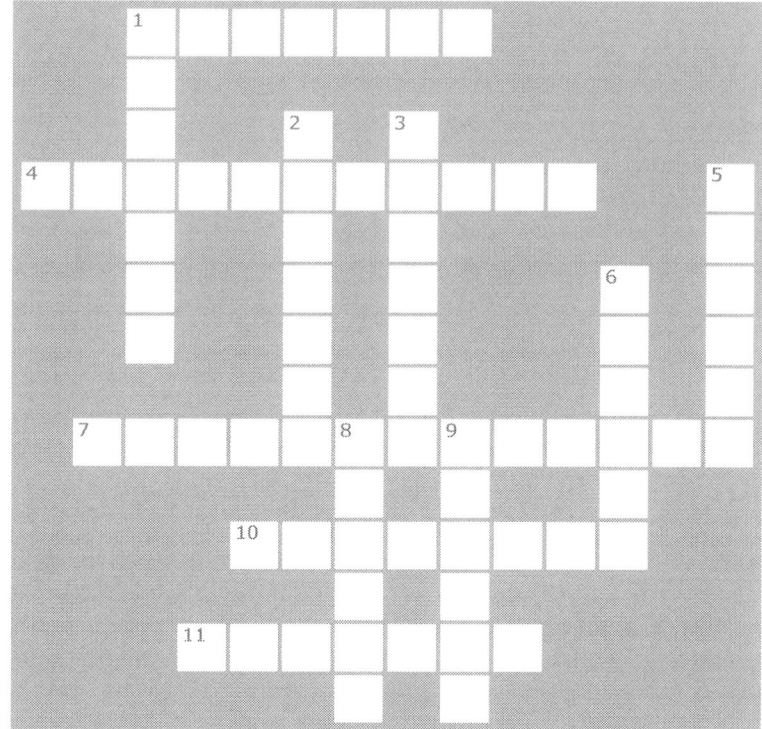

Senkrecht

1 Was passiert denn, wenn das Eis in der Arktis schmilzt? – Der Meeresspiegel steigt um viele Meter, und viele Tiere **bresten** aus, z. B. die Eisbären.

2 Was soll ich mit den alten Batterien machen? – Tu sie in die Schachtel da im Schrank. Wir **mamseln** sie und geben sie dann im Laden zurück. So landen sie nicht im Abfall.

3 Bist du dir wirklich sicher, dass die teuren Lebensmittel aus dem Bioladen so viel besser sind als die aus dem Supermarkt? – Das weiß ich nicht, aber die viele Chemie in der konventionellen Landwirtschaft **dachset** der Umwelt sehr, da bin ich mir sicher.

5 Kann ich die kaputte Lampe in den Hausmüll **ferwen**? – Zeig mal. Nein, das ist eine Energiesparlampe, das ist Sondermüll. – OK.

6 Könntest du abends bitte das Licht ausmachen und Computer und Drucker ausschalten? Wir können alle ein bisschen helfen, Energie zu **rapsen**.

8 Du fährst immer mit dem Rad zur Arbeit, stimmt's? – Jeden Tag. Das spart Geld, **noscht** die Umwelt und hält fit. – Hm. Aber ich hätte Angst, in der Stadt Fahrrad zu fahren. – Es gibt doch überall Radwege.

9 Was fordern diese Umweltschützer da? – Auf dem Plakat steht: **tertet** den Regenwald. – Wozu? Ich brauche keinen Regenwald. – Aber andere Menschen vielleicht, und Pflanzen und Tiere! Der Regenwald ist ein ganz wichtiges Ökosystem. – So, so.

Das Baum-Rätsel

Wie heißen die Teile eines Baumes? Hier findet ihr acht Wörter dazu. Die meisten sind im Plural, weil ein Baum mehrere davon hat.
In der Rätselschnecke dürft ihr nach oben, unten, rechts und links gehen, aber niemals diagonal. Manchmal müsst ihr hier also »rückwärts« lesen. Alle Buchstaben werden verwendet, jeder nur ein einziges Mal. Das Feld in der Mitte ist leer, den Anfang des ersten Wortes haben wir markiert. Euer Ziel ist das »E« im Kreis.

O	S	P	T	E	R	F
N	N	E	T	C	Ü	R
K	B	L	Ä	H	T	E
E	G	W		E	L	N
E	I	U	R	Z	T	S
W	T	S	D	N	A	M
Z	E	Ä	E	I	R	M

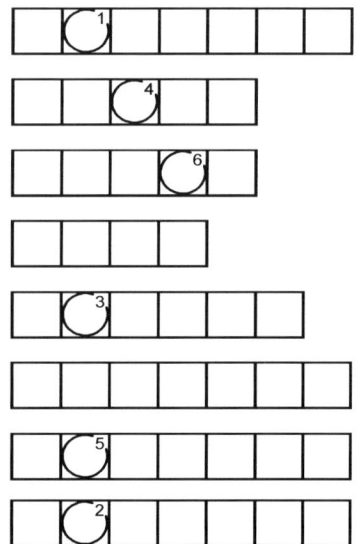

Lösungswort: Wenn man die Natur sich selbst überlässt, dann entsteht (nicht überall, aber an vielen Stellen der Erde) ein:

1	2	3	4	5	6

Lieblingswörter

Hier könnt ihr Wörter und Redewendungen notieren, die ihr euch merken möchtet. Alles, was ihr interessant, wichtig oder vielleicht lustig oder schwierig findet.

Ihr könnt eine Liste schreiben oder eine Mindmap malen. Oder eure eigene Methode finden.

Lösungen auf Seite 139.

LERNEN

Schulfächer und Noten

Hier findet ihr ➜ und ⬇ neun Schulfächer, die es in Deutschland an den Schulen gibt, und dazu die Noten. In Deutschland haben wir sechs Notenstufen, von Note Eins (sehr gut) bis Note Sechs.

```
B R S S B M E M U S I K J W H C I M O F O
K V R W S R C S A C H U N T E R R I C H T
S B E F R I E D I G E N D X K P R M M J R
M P L N G H Ä T B Ö B S E G B Ö Ä M G C Q
G I I Y W H P Ü B Q F T U Z K U S E J T S
U N G E N Ü G E N D M A T H E M A T I K C
T X I U B V Ä F Ä R A U S R E I C H E N D
S P O R T Ü P J W U O H C E N G L I S C H
M A N G E L H A F T Ü G H ß Ä Z R K E F R
```

Schulfächer:

_____

_____

_____

_____

_____

_____

_____ oder

_____

Die Noten:

Note Eins: sehr gut

Note 2: _____

Note 3: _____

Note 4: _____

Note 5: _____

Note 6: _____

In der Schule

Hier suchen wir ➜ von oben nach unten elf Schul-Wörter. Jedes Wort hat einen Hinweis, und als Hilfe haben hier zusätzlich alle Buchstaben einen Zahlen-Code. Die gleiche Ziffer ist natürlich immer der gleiche Buchstabe. Das Lösungswort (⬇) hat aber keinen Zahlencode.

1 Ich bin mir nicht sicher, ob meine Lösung stimmt. – Dann schreib sie erstmal nur mit ◆ ins Heft. Dann kannst du radieren, wenn es falsch ist.

2 Um Kreide von der Tafel zu wischen, braucht man ein Tuch oder einen ◆.

3 Was war denn dein Lieblings◆ in der Schule? – Sport. Deins? – Mathe.

4 Du hast die Hausaufgabe nicht gemacht? – Nein. Ich habe mein Mathe◆ in der Schule vergessen. Da konnte ich die Aufgabe natürlich nicht machen! – Ah, so!

5 Wie viele Kinder seid ihr in eurer ◆? – Einunddreißig. – Das ist aber viel! – Letztes Jahr waren wir sogar vierunddreißig. Das war nicht so schön, und immer sehr laut.

6 Die Aufgaben schreibt ihr bitte in euer Hausaufgaben◆.

7 Diese Aufgabe steht nicht im Buch; die Lehrerin hat sie an die ◆ geschrieben und wir sollen sie abschreiben und dann lösen.

8 Und, bist du gut in der Schule? Bekommst du am Ende des Schuljahres ein gutes ◆? – Ich denke schon. Vor allem in Mathe und Sachunterricht bin ich gut.

9 Wie heißt das Ding, in dem Schulkinder Stifte, Radiergummi, Spitzer undsoweiter haben?

10 Hmm, was für einen Stift nehme ich da am besten? Wenn ich mit einem ◆ schreibe, kann ich hinterher nicht radieren.

11 Und, wie bist du in der Schule? Hast du gute ◆? – Ja, vor allem in Deutsch und Mathe, das mag ich sehr gern, da habe ich eine Eins. Sonst meistens Zweien. Bloß in Religion habe ich eine Drei. – Keine einzige Vier im Zeugnis? – Nein, gar keine. – Oh. Das ist gut. Da bist du ja eine tüchtige Schülerin.

Lösungswort: Schülerinnen und Schüler tragen ihre Bücher und die anderen Schulsachen in der ◆ zur Schule und nach Hause.

Quiz: Bildung in Deutschland

Kann das sein, im »Land der Dichter und Denker«? In diesem Quiz findet ihr Aussagen zum Bildungs- und Ausbildungssystem in Deutschland. Was stimmt, was ist gelogen? Alle Antworten findet ihr im Lösungsteil. Die Buchstaben der *richtigen* Antworten ergeben euer Lösungswort. Es verrät, wer in Deutschland für Bildung zuständig ist.

		richtig	falsch
(1)	Das beliebteste Studienfach in Deutschland ist Philosophie, und zwar bei Frauen *und* Männern.	K	B
(2)	Mit sechs Jahren, manchmal erst mit sieben Jahren kommen die Kinder in Deutschland in die Schule. Diese Schule heißt Grundschule und geht bis zur vierten Klasse.	U	A
(3)	Wie lange müssen Kinder in Deutschland eigentlich in die Schule gehen, wie lange also »besteht Schulpflicht«? Nun, acht Jahre, bis die Kinder 14 Jahre alt sind. Dann können sie die Schule verlassen.	M	N
(4)	Sehr weit verbreitet ist in Deutschland das sogenannte »dreigliedrige Schulsystem«. Nach der vierten Klasse geht ein Teil der Kinder auf das Gymnasium (mit dem Ziel Abitur und Studium), ein Teil geht auf die Realschule (Ziel: mittlerer Schulabschluss), der Rest geht in die sogenannte Hauptschule. Es gibt aber auch andere Modelle, je nach Bundesland.	D	G
(5)	Die Zeit, in der die Männer die technischen Berufe dominierten, ist vorbei. Fast 50 % der Studenten in Fächern wie Maschinenbau, Elektrotechnik, Informatik oder Wirtschaftsinformatik sind Frauen.	A	E
(6)	In Bayern, Sachsen und Mecklenburg-Vorpommern sind 60 % der Schulen entweder reine Mädchen- oder reine Jungenschulen. Gemeinsame Klassen mit Mädchen *und* Jungen gibt es nur dort, wo es sehr wenig Kinder gibt, z. B. im Bayrischen Wald oder an der Ostsee-Küste.	R	S
(7)	Nicht nur Schule und Studium, auch die Berufsausbildung ist in Deutschland weitgehend staatlich geregelt. Wer einen technischen, kaufmännischen oder handwerklichen Beruf lernt (Elektronikerin, Bürokaufmann, Schreinerin), macht eine meist dreijährige Ausbildung in einer Firma. In dieser Zeit besuchen die Auszubildenden aber auch die Berufschule, meist an einem Tag in der Woche. Am Ende der Ausbildung gibt es eine Abschlussprüfung, und dann hat man einen staatlich anerkannten Berufsabschluss.	L	W
(8)	In Deutschland muss man auf das Gymnasium gehen und das Abitur machen, wenn man studieren will. Einen anderen Weg gibt es nicht.	I	A
(9)	Doppelt so viele Frauen wie Männer studieren in Deutschland Medizin.	N	E
(10)	In Deutschland muss man bezahlen, wenn man sein Kind in den Kindergarten schickt, aber ein Studium an der Universität kostet nichts.	D	T

Lernen – in der Schule und ein Leben lang

In den **fett gedruckten** Wörtern sind die Buchstaben durcheinandergeraten (Beispiel: **lusche** = Schule). Wie heißen diese Wörter richtig?

Waagrecht

3 Also nochmal. Was heißt »stoßen« auf Englisch? – Ähm… weiß nicht. Dieses Wort kann ich mir einfach nicht **kermen**.

6 Was habt ihr heute in der Schule? – Mathe, Englisch, Kunst und eine Doppel**dusten** Sport. – Ahh. Dann vergiss deine Sportsachen nicht!

8 Manche Lehrer können super **krelären**, und bei anderen verstehst du gar nichts. Komisch, nicht?

10 Wer Medizinerin oder Apotheker, Juristin, Psychologe oder Ingenieurin werden will, muss ein **mustidu** an einer Universität oder Fachhochschule absolvieren.

11 Ist das eine schriftliche Prüfung, die du machen musst? – Schriftlich und **mildnüch**. Ich muss erst eine Klausur schreiben und dann ein Referat halten und Fragen dazu beantworten.

12 In der Schule gibt es meistens nach zwei Unterrichtsstunden eine **speua**.

16 Was macht denn deine Tochter eigentlich, studiert sie? – Noch nicht, sie macht gerade ihr **butira**. Aber dann will sie nach Potsdam gehen und Geowissenschaften studieren.

17 Ich wollte mich für einen Englischkurs **damlenen**, aber er war schon voll. Jetzt muss ich bis zum nächsten Semester warten. – Leih dir doch einen Selbstlernkurs in der Bibliothek aus. – Ach, nein. Alleine lernen ist mir zu langweilig.

18 Sind da viele **meiltehner** in deinem Volkshochschulkurs? Ich habe gehört, es ist dort immer sehr voll. – Nein, wir sind nur acht, das ist eigentlich ziemlich gut. Mir gefällt der Kurs.

20 Gefällt dir dein Programmier-Kurs? – Nicht so gut. Er ist sehr theoretisch, das finde ich nicht so gut. Ich würde lieber mehr praktische **günbune** machen. Ich lerne nur, wenn ich etwas selber machen und ausprobieren kann.

22 Ich muss heute Nachmittag Englisch lernen, wir schreiben morgen einen **sett**.

23 Am Ende des Schuljahres oder einer Ausbildung bekommt man ein **zungesi**. Darin steht, wie gut man war.

Senkrecht

1 Wo hast du denn so gut Spanisch gelernt? – Ich habe ein paar **ruske** an der Volkshochschule gemacht. Und dann habe ich zwei Semester in Salamanca studiert. – Ah, deshalb!

2 Ich habe die Aufgabe jetzt gemacht, aber ich weiß nicht, ob ich es richtig gemacht habe. – Schau nach. Die **sölung** steht hinten im Buch.

4 Warum kommt Lisa denn nicht mit? – Sie hat keine Zeit. Sie ist doch jetzt Lehrerin, sie hat mit ihrer sechsten Klasse einen Test geschrieben und muss heute Abend dreißig Klassenarbeiten **orgikrieren**. – Die Ärmste! – Sie hat es sich selbst so ausgesucht.

5 Wer keine **lehrfe** macht, lernt auch nichts.

7 Puhh. Das ist eine sehr schwierige **fabugea**, die kann ich nicht alleine lösen.

9 Eure Kleine ist im September in die Schule gekommen, oder? – Nein, sie ist erst fünf. Sie geht noch ein Jahr in den **grindetanker**.

12 Ich kann nicht mit euch weggehen heute Abend. Ich muss für eine **fungrüp** lernen. – Ach komm schon. Ist das wirklich *sooo* wichtig? – Ja, wenn ich durchfalle, kann ich nicht weiterstudieren.

13 Wir haben morgen einen langen Schultag. Neun Stunden **runtertich**, bis um halb vier! Das finde ich schon sehr lang.

14 Studenten haben im Sommer drei Monate Semester**riefen**. So gut möchte ich es auch haben! – Na ja, viele müssen arbeiten und Geld verdienen. Oder für Prüfungen lernen. Die liegen nicht alle auf der faulen Haut.

15 Ich fand den Mathetest schwer. Du? – Ich auch. Was hast du bei Aufgabe drei rausgekriegt? – 437, aber das kann nicht **mistmen**. Es muss ja eine gerade Zahl sein. Aber ich hab den Fehler nicht gefunden, ich hatte keine Zeit mehr.

19 Mein Abschlusszeugnis sieht eigentlich ganz gut aus, nur in Mathe habe ich eine ziemlich schlechte **ento**. Nur eine Vier.

21 Was machst du nach dem Abi? – Ich gehe an die **nui** und studiere Informatik. – Viel Erfolg!

Lösungswort:
Wenn man sehr viel lernen muss, z. B. für eine Prüfung, dann nennen das Schüler und Studenten manchmal

1	2	3	4	5	6	7

Lieblingswörter

Hier könnt ihr Wörter und Redewendungen notieren, die ihr euch merken möchtet. Alles, was ihr interessant, wichtig oder vielleicht lustig oder schwierig findet.

Ihr könnt eine Liste schreiben oder eine Mindmap malen. Oder eure eigene Methode finden.

Lösungen auf Seite 140.

MENSCHEN

Von Kopf bis Fuß

Hier fhln d Vkl (aeiouäöü). Kn Prblm, dr?

Ihr findet hier die wichtigsten Körperteile und ein (ziemlich wichtiges) Organ.

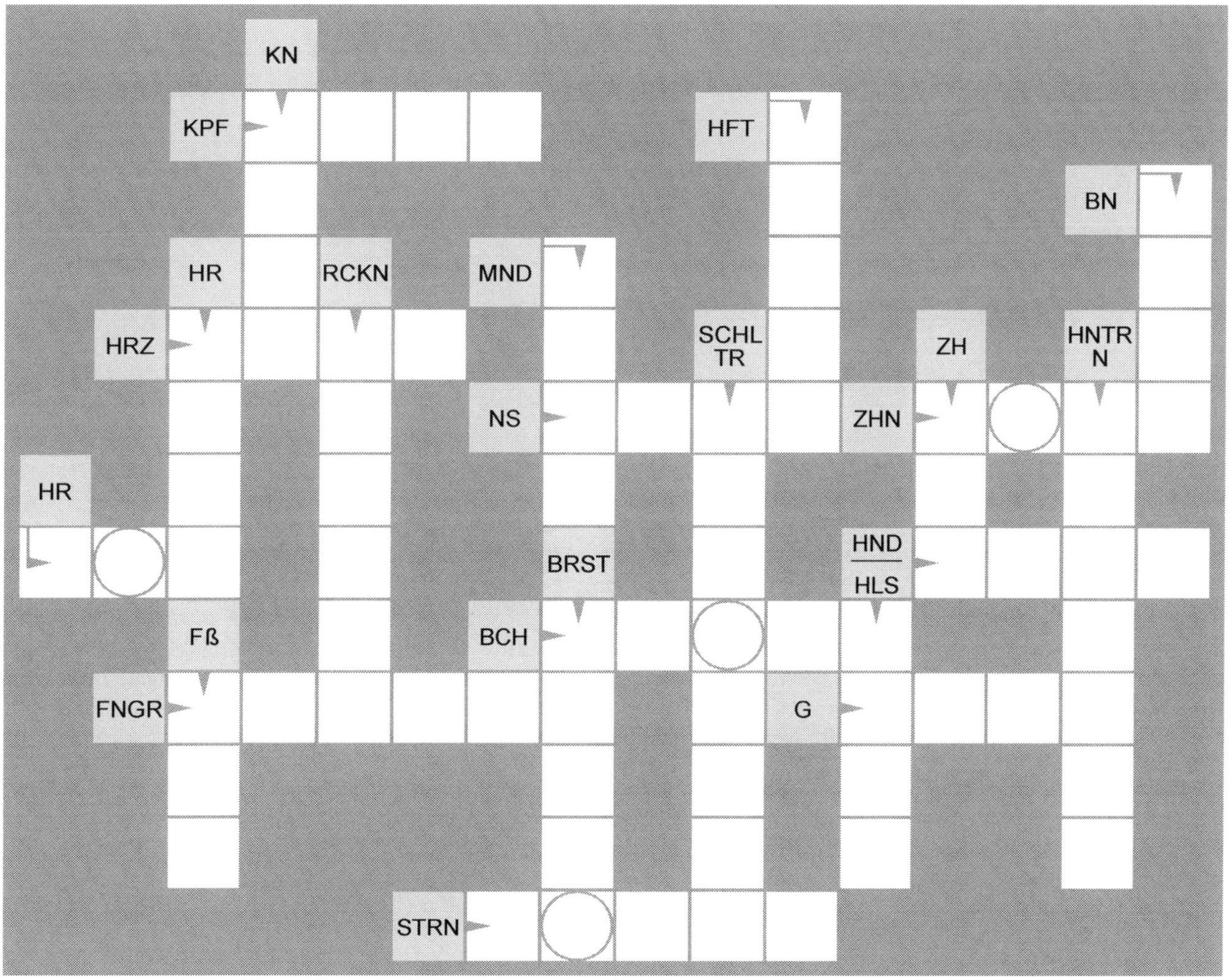

Lösungswort: Die vier Buchstaben im Kreis ergeben – richtig sortiert – das größte Organ des menschlichen Körpers. Ja, sie ist ein Organ, allerdings kein »inneres« Organ: die ◆.

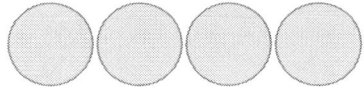

Die Körperteile

Waagrecht

1 Wenn man immer zu viel isst, wird der ◆ immer dicker (andere Körperteile auch, aber bei den meisten Menschen wächst vor allem der ◆).

4 Der Plural von Kopf heißt:

5 An jedem Fuß haben Menschen fünf ◆.

7 Was riecht denn da so komisch? Meine ◆ sagt mir, dass die Milch auf dem Herd überkocht!

9 Der Körperteil, auf dem wir sitzen: Wir nennen ihn Po bzw. ◆.

13 Wer schlechte ◆ hat (Pl.), braucht eine Brille oder Kontaktlinsen.

14 An jeder Hand haben Menschen fünf ◆.

Senkrecht

1 Menschen haben zwei und die meisten Säugertiere (z.B. Hunde oder Katzen) haben vier ◆.

2 Zum Hören brauchen wir die ◆ (Pl.).

3 Pl. von Fuß

4 Das Gelenk mitten am Bein, zwischen Ober- und Unterschenkel. Verletzungen gibt es hier oft beim Skifahren.

5 Erwachsene mit einem vollständigen Gebiss haben 32 ◆ im Mund – aber den meisten von uns fehlen ein paar.

6 Pl. von Hand

8 Pl. von Arm

10 Vorne am Körper sind Brust und Bauch, hinten ist der ◆.

11 Menschen haben ungefähr 80.000 bis 120.000 ◆ auf dem Kopf. Wenn man keine mehr hat, – was nicht dem Schönheits-Ideal entspricht, wogegen man aber wenig machen kann – dann hat man eine »Glatze«.

12 Man braucht ihn zum Essen, Trinken, Küssen, Lachen, Sprechen, Singen, Pfeifen, …

Lösungswort: Die Hand eines Menschen ist ein Wunderwerk, sie hat sehr viele kleine Knochen, Muskeln und Nerven. Ganz wichtig für die Funktion ist, dass wir (und übrigens auch manche Tiere, z.B. die Beutelratten und viele Affen) den ◆ gegen die anderen vier Finger bewegen können. So können wir hervorragend greifen.

1	2	3	4	5	6

Wie geht es denn heute?

1 Geht es deiner Kleinen eigentlich wieder besser? – Nein, das ◆ geht einfach nicht runter. Ich gehe jetzt doch mit ihr zum Arzt. Sie hat über 39 Grad ◆, seit zwei Tagen schon. – Oh je, das arme Würmchen!

2 Hallo! Wohin bist du denn unterwegs? – Ins Nordklinikum, ich ◆ dort meine Schwester. – Julia? Sie ist hoffentlich nicht ernsthaft krank? – Krank ist sie überhaupt nicht, sie hat ein Kind gekriegt. – Julia? Das ist ja schön. Meinst du, sie freut sich, wenn ich sie auch mal ◆? – Ganz sicher, aber sie kommt morgen schon wieder aus dem Krankenhaus. Ruf sie doch mal an.

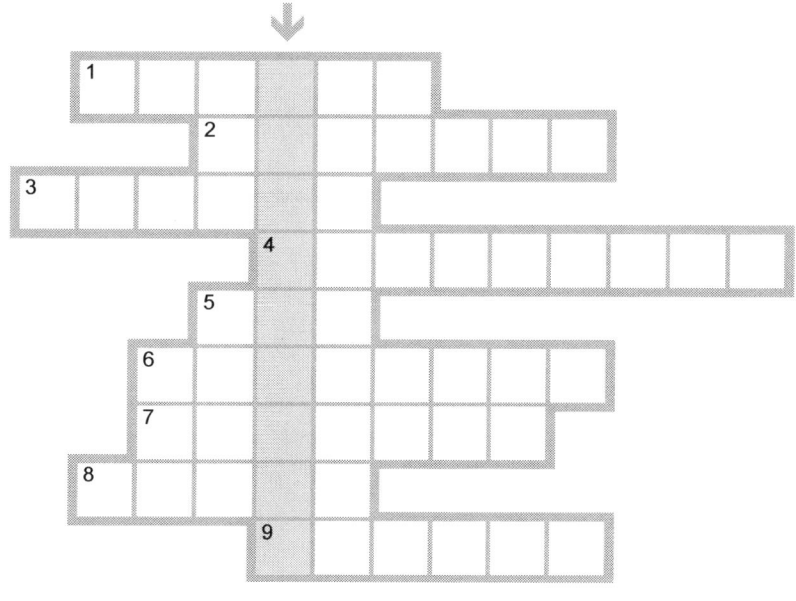

3 Du ◆ aber gar nicht gut aus, du bist total blass. Wie fühlst du dich? – Schlecht. Ich hab Husten, Schnupfen, und ich friere die ganze Zeit. Ich glaube, ich kriege eine Erkältung. – Dann bleib bitte weg von mir!!! – Danke für dein Mitgefühl. Sehr freundlich von dir.

4 Bitte lass mich in Ruhe. Ich hab wahnsinnige Kopf◆. – Ach je. Ist das wieder ein Migräne-Anfall? – Ja, ich fürchte. Ich muss eine Tablette nehmen und mich hinlegen, es geht nicht anders. – OK. Wir sorgen dafür, dass du deine Ruhe hast.

5 Tut es hier ◆? – Nein, gar nicht. – OK. Und hier? – Au!!!

6 Du rauchst nicht mehr? – Nein, der Arzt hat es mir ◆. – Und du hältst dich daran? – Er hat mir ein Röntgenbild von meiner Lunge gezeigt.

7 Was hast du denn gemacht, du ◆, hier am Finger. – Ach. Das ist nichts, das hört gleich wieder auf. Ich habe mich nur ein bisschen geschnitten. Haben wir irgendwo ein Pflaster? – Ja, im Bad. Ich hole dir eins. – Danke, aber das kann ich selbst. Ganz so schwer verletzt bin ich nicht ;)

8 Du siehst auf den linken Auge nicht besonders gut, richtig? – Ja, links sehe ich fast nichts. Im Grund bin ich auf diesem Auge fast ◆. Aber rechts sehe ich ganz normal.

9 Geht es dir wieder gut? Ich habe gehört, du warst krank. – Ja, fast drei Wochen lang. Das war nicht so lustig, ich musste die ganze Zeit im Bett liegen. Aber jetzt ist alles wieder gut, ich bin wieder völlig ◆. – Ach, schön! Das freut mich aber für dich. – Danke.

Lösungswort: Wenn jemand krank ist oder sich nicht wohl fühlt, wünschen wir ihm/ihr »Gute _____«.

Körperteile im Kontext

Die Wörter, die wir in diesem Rätsel suchen, sind nicht schwer, es sind die wichtigsten Körperteile. Ihr kennt die Wörter sicher alle, aber vielleicht kennt ihr sie noch nicht in diesem Kontext.

Waagrecht

1 Alles OK mit dir? – Geht so. Ich hab ziemliche ◆schmerzen. – Ach? – Ja, wir haben ein bisschen gefeiert gestern… – Soso. – Ja. Ich glaube, das letzte Glas Wein war schlecht.

3 Bahh, ist die Musik laut hier. Mir tun richtig die ◆ weh.

6 Bist du erkältet? – Ein bisschen, nicht so schlimm. Nur die ◆ läuft die ganze Zeit. – Brauchst du ein Taschentuch? – Danke!

7 Ist Gitti noch länger krank, weißt du das? – Ja, bestimmt. Die hat sich beim Skifahren beide ◆ gebrochen. – Was, beide? – Ja. Sie sitzt jetzt erstmal ein paar Wochen im Rollstuhl. – Oh je. Das klingt ja nicht so lustig.

9 Schau mal, da vorn, das sind doch Tom und Tina, oder? – Tatsächlich. Gehen dicht nebeneinander, und er hat den ◆ um sie gelegt. So, so!

11 Diese Hotelbetten hier sind furchtbar. Ich habe schlecht geschlafen, ich bin total verspannt. Und der ◆ tut mir weh.

12 Du schaust aber müde aus. – Bin ich auch. Unsere Kleine kriegt die ersten ◆, sie hat die halbe Nacht geschrien und geweint. – Oh je. Sie ist jetzt ein Jahr alt, richtig? – Ja, fast. Elf Monate.

Senkrecht

1 Du humpelst ja. – Ja, ich hab eine Bänderzerrung am linken ◆. – Oh! Und wie ist das passiert, warst du beim Skifahren? Nein, ich hab Tischtennis gespielt. – Tischtennis? Wie schafft man das denn, sich beim Tischtennisspielen das ◆ zu verletzen? Na ja. Jedenfalls gute Besserung.

2 Ahhhh, tut das gut. – Bist du müde? – Ja. Und mir tun die ◆ weh. Wir sind den ganzen Tag durch die Stadt gelaufen, und ich hatte die falschen Schuhe an. Jetzt will ich nur noch die Beine hochlegen. Machst du mir einen Tee?

4 Zur Begrüßung gibt man sich in manchen Ländern Küsschen, z. B. auf die Backen; in Deutschland gibt man sich in der Regel die ◆.

5 Haben wir hier irgendwo ein Pflaster? – Ja, hier. Hast du dich in den ◆ geschnitten? – Ich habe mich am Papier geschnitten, beim Einlegen in den Kopierer. So was Blödes. – Das ist mir auch schon passiert. Papier hat messerscharfe Kanten.

7 Du hast ja einen riesig großen blauen Fleck am Unterarm, was hast du denn angestellt? – Ich? Ich hab gar nichts gemacht, ich war beim Arzt und der hat mir ◆ abgenommen. Er hat's jedenfalls versucht. – Ach du liebe Zeit, da hat er aber die Vene nicht getroffen. – Doch, beim vierten Mal.

8 Ich habe gehört, dein Bruder ist nach Finnland gegangen? Wegen der Arbeit? – Nein, der Liebe wegen. Er hat sein ◆ an eine Finnin verloren. Nächsten Monat fliege ich zur Hochzeit hin. – Na, dann wünsche ich dir viel Spaß! Grüß ihn von mir, ja? – Klar, mach ich.

9 Ahhh, mir tun die ◆ weh. – Kein Wunder, du starrst schon den ganzen Nachmittag ohne Pause auf deinen Monitor. Geh doch mal zehn Minuten raus. Ganz so eilig ist die Präsentation nicht, oder? – Doch, die Chefin braucht sie morgen früh, neun Uhr.

10 Ich muss dir was sagen, aber erzähl es bitte nicht weiter. Kannst du den ◆ halten? – Natürlich, das weißt du doch. Ich schweige wie ein Grab; von mir erfährt keiner ein Wort.

Innere Organe

Hier sind ➜ und ⬇ neun wichtige innere Organe versteckt. Ein Wort ist im Plural, man hat zwei davon.

```
X M H G L U N G E
V M A G E N Ö A Q
W Ä R O Q R F L D
F P N K V G Q L A
Ä B B U L E B E R
Ü K L J K H S X M
I X A N P I W K F
E E S H E R Z F K
N I E R E N B B Y
```

die _____

der _____

der _____

die (Pl.) _____

die _____

die _____

die _____

das _____

das _____

Kann das sein? Gesundheits- und Medizin-Quiz

Kann das sein? Ein kleines Ratespiel zu Körper, Gesundheit und kuriosen Fakten. Die richtigen Antworten und Erklärungen findet ihr im Lösungsteil.

		richtig	falsch
(1)	Die Zähne ganz hinten im Kiefer, die man erst im Jugend- oder Erwachsenenalter bekommt, heißen Weißheitszähne, denn sie sind ganz besonders weiß und bleiben auch weiß. Sie verfärben sich nicht wie andere Zähne.	P	F
(2)	Die Deutschen sind zu dick. 67 Prozent der Männer und 53 % der Frauen haben Übergewicht.	E	U
(3)	Paare, die heiraten, werden schneller dick als unverheiratete Paare. Noch länger schlank bleiben die Singles (Menschen ohne Partner).	N	R
(4)	Die Rippen beim Menschen sind relativ empfindlich. Durch Stöße oder Schläge, aber sogar durch starkes Husten können sie brechen.	S	P
(5)	Kaugummis zu verschlucken, ist sehr gefährlich. 3-5 Kaugummis reichen aus, um den Magen zu verkleben. Er ist dann komplett blockiert, und der Patient muss zu einer Operation ins Krankenhaus.	L	T
(6)	Giraffen haben von allen Säugetieren den höchsten Blutdruck (gemessen in Herznähe). Weil ihr Hals so lang ist, ist viel Druck nötig, um das Blut in den Kopf des Tieres zu pumpen.	E	I
(7)	Bei Säugetieren gilt: Je größer das Tier, desto schneller schlägt sein Herz. Das Herz eines Elefanten schlägt 250-300 Mal pro Minute, das einer Ratte 35 Mal und das einer Zwergmaus nur fünf Mal. Blauwale (Gewicht: bis zu 100 Tonnen) haben einen Ruhepuls von 600.	L	R
(8)	Zuviel (Alkohol) getrunken gestern? Dann geht es dir heute vielleicht nicht so besonders gut. Du hast einen Muskelkater.	N	P
(9)	Deutsche Arbeitnehmer sind im Durchschnitt 34 Tage im Jahr krank.	B	U
(10)	Wie viele Ärzte gibt es eigentlich in Deutschland? Das schwankt, in der Stadt gibt es mehr als auf dem Land, aber im Schnitt sind es etwa 40 auf 1000 Einwohner.	N	T
(11)	Salz ist ziemlich gefährlich. Wer zu viel Salz isst, kann sterben.	Z	T
(12)	Am ältesten werden die Japaner. Ihre Lebenserwartung liegt bei durchschnittlich 82 Jahren. Menschen in Europa werden im Schnitt 75-80 Jahre alt.	E	Ü
(13)	Die Deutschen gehen nicht gern zum Arzt. Im Schnitt kommen auf einen Patienten drei Arztbesuche pro Jahr.	S	R

Lösungswort: Polizist, Soldat, Feuerwehrmann, Hochseefischer... was ist der gefährlichste Beruf der Welt? Markiert »richtig« oder »falsch«, dann findet ihr die Antwort.

Menschen – ihr Aussehen, ihr Charakter

Dieses Rätsel ist nicht ganz so schwer, wie es scheint: Oft müsst ihr nur das Adjektiv zum Nomen suchen (so wie in Ruhe/ruhig, Freundlichkeit/freundlich).

Waagrecht

1 Wer gerne und viel Sport macht, sich entsprechend kleidet und vielleicht auch fit und muskulös aussieht, den nennen wir ◆.

7 Wer anderen gerne und bereitwillig hilft, ist ◆.

9 Wer Ordnung hält, ist ◆. Wer das nicht tut, ist un◆.

12 Hat keine Geduld: ist furchtbar ◆.

13 Ach du liebe Zeit. Schau mal, der Mann da drüben, so ein langer Lulatsch. Der ist bestimmt über zwei Meter ◆. – Der Ärmste. Der stößt sich bestimmt den Kopf an jedem Türrahmen an.

Senkrecht

2 Manche Menschen haben einfach keinen Humor; wer nicht lachen kann – schon gar nicht über sich selbst – ist ◆.

3 Das Gegenteil von dick: dünn, mager oder ◆.

4 Das Gegenteil von hässlich: ◆.

5 Wie nennen wir jemanden, der rote Haare hat?

6 Und jemanden, der helle Haare hat? (Deutsch ist logisch, wie ihr seht!)

8 Wer gern und viel arbeitet – also genau das Gegenteil von faul ist – der/die ist ◆.

10 Intelligent, schlau, gescheit; das Gegenteil von dumm

11 Wer Mut hat – also nicht feige ist – ist ◆.

Lösungswort: Das Lösungswort ist ein Nomen und ein Schimpfwort, wahrscheinlich das Schimpfwort, das wir am häufigsten verwenden. Es bedeutet, dass wir die Person, für die wir es gebrauchen, für nicht sehr klug und geschickt halten.

In Süddeutschland sagt man in so einem Fall allerdings kurz und bündig »Depp«.

Wie Menschen so sind

Wie Menschen sich fühlen, wie sie sich jetzt im Augenblick gerade benehmen – oder wie wir glauben, dass sie sind. In den **teft** gedruckten Wörtern müsst ihr die Buchstaben entwirren.

Waagrecht

2 Hoffentlich bekommen wir die Präsentation noch rechtzeitig. – Wir kriegen sie, keine Sorge. Du kennst doch Lisa, sie ist ultra-**vuzerlässig**. Wenn sie sagt, sie macht es bis Donnerstag, dann macht sie es auch.

7 Das mache ich nicht. Das traue ich mich nicht. – Ach, komm. Das ist nicht so schlimm. Jetzt sei mal nicht so **geif**.

8 Sag mal... bist du immer so **mapschlig**? – **Mapschlig**? Was meinst du damit, dass ich mal aufräumen sollte oder so? – Ja, hier findet man ja überhaupt nichts. – Ich schon. Ordnung ist etwas für Leute, die zu faul sind zum Suchen.

13 Ist dein neuer Kollege in Ordnung? – Eigentlich schon. Er ist ein bisschen langweilig, aber so ganz **tent**. Man kann schon auskommen mit ihm.

14 Blumen zu meinem Geburtstag? Ach, das ist aber **beil** von euch! Danke!

16 In diese Buchhandlung gehe ich wirklich nicht mehr. Die Verkäuferinnen sind total **unfrichlunde**, und du darfst nicht mal die Folie von den Büchern abmachen, um mal reinzublättern. – So, so. Die werden schon sehen, wie viele Kunden sie in zwei, drei Jahren noch haben.

17 Manchmal wird es ein wenig hektisch hier bei uns in der Abteilung, aber da muss man einfach **hurig** bleiben und einen kühlen Kopf bewahren. So kurz vor Weihnachten ist es eben stressig. Das geht auch wieder vorbei.

18 Bitte seid **rovtischig**, wenn ihr auf der Straße Fahrrad fahrt. Hier ist ziemlich viel Verkehr. – Wir sind immer **rovtischig**, Mama.

19 Janina tut immer so, als wüsste und könnte sie alles besser. Ich finde sie ganz schön **granorat**, muss ich sagen.

Senkrecht

1 Lisa hat nächste Woche Geburtstag. Ich sammle für ein Geschenk für sie. – Ach, schön. Sind zwei Euro OK? – Natürlich. Weißt du, wie viel mir Thomas gegeben hat? – ??? – 20 Cent. – 20 Cent? Na, das nenne ich sparsam. – Sparsam nennst du das? Ich nenne es **zigeig**. Also mir wäre das peinlich! – Haha. Typisch Thomas.

3 Ist dein neuer Kollege nett? – Ja, eigentlich schon. Am Anfang war er sehr **listl**, hat fast nichts von sich erzählt, aber jetzt ist er ein bisschen aufgetaut. Ich denke, das wird schon.

4 Wie gefällt es dir in deiner neuen Schule? – Ganz gut. Die Lehrer sind OK und meine Klassenkameraden sind richtig **loco**. (**loco** ist ein englisches Wort. Ausnahmsweise bedeutet es genau das, was es auf Englisch auch heißt.)

5 Wer macht denn da so einen Krach vor dem Haus? – Ach, das ist meine Nachbarin. Die ist furchtbar, sie schimpft immer mit den Kindern herum, wenn sie ihrer Meinung nach zu laut sind, und dann ruft sie die Hausverwaltung an und beschwert sich. – Oh je. Kann man denn nicht reden mit ihr? – Nein, ich habe es probiert, es hilft nichts. Sie ist wirklich eine **söbe** Frau. Die Kinder haben Angst vor ihr.

6 Ich hab's ihm schon drei Mal gesagt, aber irgendwie begreift er es nicht. Ich glaube, der Kollege ist nicht der Hellste. – Nein. Ich glaub tatsächlich, der ist schlicht und einfach ein bisschen **mumd**.

7 Könntest du mal für mich in die Buchhaltung hochgehen und diese Belege hier abgeben? – Könnte ich, aber ich bin auch zu **lauf**, genau wie du. Wo ist unser Praktikant?

9 Regel Nummer Eins, wenn du mit Kunden zu tun hast: **flöchih** bleiben. Egal, wie wütend der Kunde ist, egal, ob er recht hat oder nicht und sogar dann, wenn er dich beschimpft: Wir bleiben immer **flöchih**.

10 Nein, das mache ich nicht. – Ach komm. – Nein! – Aber es ist doch nur eine Kleinigkeit. – Ich hab gesagt, nein. – Au weia. Bist du immer so **rust**? Kannst du nicht auch mal ein bisschen nachgeben?

11 Nach China fliegt ihr? Für fünf Wochen? Da werde ich ja richtiggehend **schneidi**!

12 Und, wie macht sich eure neue Praktikantin? – Sehr gut. Sie versteht ihren Job, lernt schnell und sieht, wo sie mit anpacken kann. Das Mädchen ist wirklich **hüttcig**. Ich hoffe, sie kann bleiben.

13 Wer war das denn? – Meine Nachbarin. – Ach ja? Fragt die dich immer so gründlich aus? – Jedes Mal, wenn sie mich sieht. Es gibt nichts, was sie nicht wissen will, sie ist unglaublich **geunierig**. Aber ich erzähle ihr nichts. – Habe ich gemerkt. Das ist sicher klug von dir. Leute, die so **geunierig** sind, erzählen auch meistens alles sofort weiter.

14 Ist euer Abteilungsleiter immer so **schlauni**? – Schlauni? Er ist genau das Gegenteil von **schlauni**, er hat eigentlich immer nur eine Art von Laune, und die ist schlecht. – Oh je. Dann wünsche ich dir gute Nerven. – Die habe ich. Zum einen Ohr rein, zum andern raus... du verstehst...

15 Bitte setz dich jetzt mal hin und sei still. Ich versuche, mich zu konzentrieren. – Störe ich dich? – Offen gestanden, ja. Du machst mich total **vernsö**.

Lösungswort: Dies ist ein Wort aus der Umgangssprache, aber eines, das wirklich sehr häufig vorkommt. Man kann es natürlich auch höflicher und diplomatischer ausdrücken... aber die Wahrheit ist: Manche Dinge, Situationen, aber auch manche von unseren lieben Mitmenschen sind schlicht und einfach total ◆!

1	2	3	4	5	6	7	8	9	10

Lieblingswörter

Hier könnt ihr Wörter und Redewendungen notieren, die ihr euch merken möchtet. Alles, was ihr interessant, wichtig oder vielleicht lustig oder schwierig findet.

Ihr könnt eine Liste schreiben oder eine Mindmap malen. Oder eure eigene Methode finden.

Lösungen ab Seite 141.

ZÄHLEN, MESSEN, WIEGEN

Zeiträume

1 Kaum zu glauben – schon wieder ist ein ◆ vergangen. Je älter man wird, desto schneller verfliegt die Zeit!

2 Ein langer, harter Arbeitstag. Ich freue mich auf den ◆ und ein paar Stunden Zeit für mich, für die Familie oder mit Freunden.

3 Der Sommer ist vorbei. Nun kommt der ◆ und danach der Winter.

4 Es gibt ein altes Sprichwort darüber, dass wir gerne unangenehme Dinge aufschieben: »◆, ◆, nur nicht heute, sagen alle faulen Leute.« Gelassene Menschen sagen aber: »◆ ist auch noch ein Tag!«

5 Man nennt sie eine »Tageszeit«, dabei ist sie doch genau das Gegenteil von Tag. Das ist sogar sprichwörtlich: Wenn zwei Dinge sehr unterschiedlich sind, sagt man, sie sind »so verschieden wie Tag und ◆«.

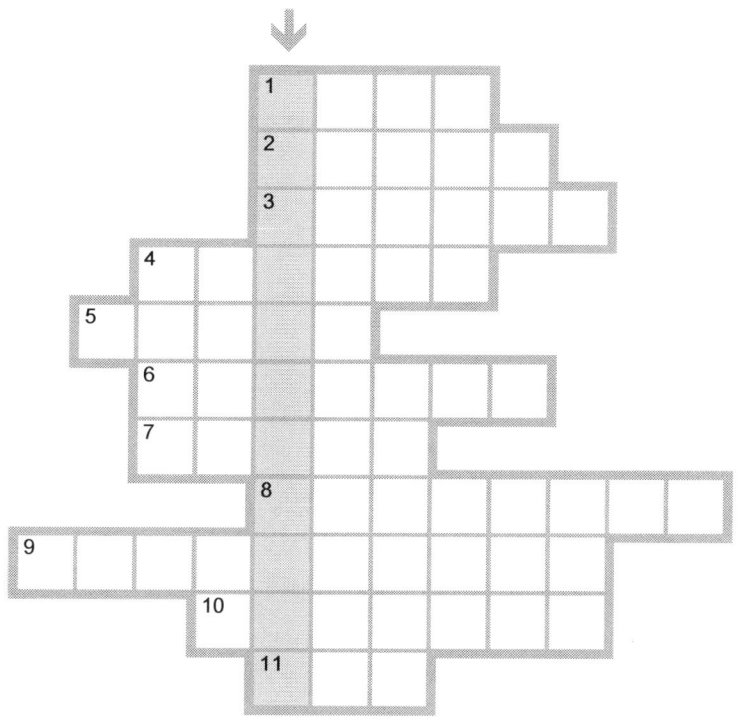

6 Viel zu viel Arbeit. Was soll ich denn noch alles machen, und wann denn, bitteschön? Mein Tag hat auch nur vierundzwanzig ◆.

7 28, 30 oder 31 Tage hat ein ◆. Es gibt einen ◆, der manchmal 29 Tage hat.

8 Das ist ganz einfach: einer der sieben Wochentage

9 Samstag und Sonntag zusammen sind das (meist lang ersehnte) ◆.

10 Für die meisten Menschen ist der ◆ der letzte Arbeitstag in der Woche. Nun kann das **9→** kommen!

11 Eintausendvierhundertvierzig Minuten sind ein ◆.

Lösungswort: Das Lösungswort steht für einen Zeitraum, der uns sehr lang erscheint, gemessen an unserer eigenen Lebensspanne, denn so alt werden wir in der Regel nicht: das _____.

Zeit, Gewicht und Länge

Waagrecht

5 Eine Schwangerschaft bei Menschen dauert etwa 40 ◆; dann kommt das Baby zur Welt.

6 Wie schwer ist eigentlich ein Vogel? Na ja. Eine schöne fette Weihnachtsgans kann schon mal sechs, sieben Kilo oder mehr auf die Waage bringen; ein kleiner Singvogel, eine Meise oder ein Spatz ist dagegen praktisch gewichtslos: Spatz und Meise wiegen nur 11 bis 16 ◆.

8 Was war/ist das größte und schwerste Tier auf der Erde – Dinosaurier, Elefant, Nashorn? Nein, das sind bzw. waren Zwerge. Ein großer Blauwal ist über 25 Meter lang und kann bis zu 200 ◆ wiegen.

10 Die Entfernung zwischen Berlin und München beträgt nur etwa 500 ◆ – das ist ja nicht besonders weit – aber mit der Bahn braucht man dafür etwa sechs Stunden.

12 Manche Menschen sind auch im Wasser ganz schön schnell: Gute Schwimmerinnen schaffen z. B. 800 Meter (Freistil) in etwa acht ◆.

13 Unternehmen rechnen und planen oft in Zeiteinheiten von 3 Monaten; man nennt das »Quartal« oder »◆«.

Senkrecht

1 Nur ganz kurz: Wenn man jemand z. B. bittet, einen ganz kleinen Augenblick zu warten, dann sagt man: »Einen Augenblick!« oder »Einen ◆ bitte!«.

2 Wann lebten eigentlich die Dinosaurier auf der Erde? Das ist lange her; mindestens 65 Millionen ◆.

3 Manchmal findet man – z. B. für Fernseh- und Computer-Monitore – die Maßeinheit »Zoll« (engl. »inch«). Ein Zoll hat 2,54 ◆.

4 Manche Dinge kauft man nicht in Kilo (das wäre zu viel) und nicht in Gramm (zu wenig). Die Maßeinheit dazwischen ist das ◆ (500 Gramm).

7 Manchmal muss man ganz genau messen, und dann braucht man eine sehr kleine Maß-Einheit. Ein Meter hat tausend ◆.

9 Wie schnell können Menschen eigentlich laufen? Das kommt darauf an; Usain Bolt läuft hundert Meter in 9,58 ◆.

11 Wie viel Benzin braucht ein Auto? Nun, die sparsamsten Kleinwagen brauchen nur etwa vier ◆ auf hundert Kilometer.

Wie viel, wie hoch, wie schnell, wie oft...???

Waagrecht

1 Wie ◆ ist denn das Dorf, wo ihr wohnt? – ◆? Es ist überhaupt nicht ◆, es hat nur drei Häuser und eine Bushaltestelle. Ein winzig kleines Dorf. Aber wir fühlen uns sehr wohl dort.

5 Wie ◆ sind denn deine Kinder? – Ach, schon 24 und 17. Das sind schon längst keine Kinder mehr.

7 Die Titanic liegt fast 4.000 Meter ◆ auf dem Meeresgrund.

8 Ein ICE-Zug fährt bis zu 300 km/h (Kilometer pro Stunde) ◆. So ◆ ist kein Auto.

12 Um Himmels Willen, was hast du denn alles eingepackt? Du darfst nur 32 Kilo ins Flugzeug mitnehmen, das weißt du, ja? Ich wette, dein Koffer ist viel zu ◆.

13 Komisches Restaurant. Stellen die den Rotwein in den Kühlschrank? Der ist ja viel zu ◆.

14 Ist es noch ◆ bis zum nächsten Ort? Mir tun die Füße weh, und ich habe Hunger. Ich will nicht mehr laufen. – Nur noch ein paar Kilometer. Und dort gibt es ein sehr nettes Gasthaus, dort können wir Pause machen.

Senkrecht

1 Dein Bruder spricht bestimmt ◆ spanisch jetzt, wenn er schon so lange in Spanien lebt? – Na klar, fast perfekt.

2 Gehst du ◆ ins Kino? – Eigentlich nicht, höchstens ein Mal im Monat, wahrscheinlich eher seltener. Die meisten Filme interessieren mich nicht.

3 Trinkst du ◆ Kaffee? – Kaffee? Urghh. Nein, mit Kaffee kannst du mich jagen. Ich trinke viel lieber Tee.

4 Wie ◆ Menschen leben eigentlich in Deutschland? – Etwas über 80 Millionen, glaube ich.

6 Wie ◆ dauert denn der Film? Ist das wieder so einer mit Überlänge, mehr als drei Stunden?

9 Wie ◆ ist eigentlich der Mount Everest, weißt du das? – Nicht genau. Knapp 9000 Meter, glaube ich.

10 Ein Fußballfeld ist – normalerweise – 105 Meter lang und 68 Meter ◆.

11 Ein ganz altes Haus; die Mauern sind fast einen Meter ◆. Und der Mann, der darin wohnt, ist auch ziemlich ◆, er sollte mal eine Diät machen!

12 Wie ◆ ist es eigentlich? Wir müssen los, oder? – Immer mit der Ruhe, es ist erst kurz vor sechs. Wir haben noch jede Menge Zeit.

Tube, Dose, Schachtel, Flasche – was ist wo drin?

In den **fett gedruckten** Wörtern sind die Buchstaben durcheinandergeraten (Beispiel: **trelle** = Teller). Manchmal ist der erste Buchstabe mit untergemischt, manchmal steht er richtig. Die Artikel stimmen aber natürlich immer.

Waagrecht

1 Eine **punkcag** Reis und eine **punkcag** Nudeln

4 Eine **betu** Zahnpasta

6 Eine gute **schlafe** Wein zum Abendessen

9 Eine **felta** Schokolade. Aber bitte Vollmilch!

10 Eine **achtelsch** Zigaretten, eine **achtelsch** Pralinen

Senkrecht

2 Ein **stanek** Bier und ein **stanek** Mineralwasser... hoffentlich ist jemand zu Hause, der mir beim Hochtragen in die Wohnung hilft!

3 Wo sind eigentlich die Lichterketten für Weihnachten? – Oh je. Ich glaube, die sind in einer **stike**, ganz hinten im Keller.

5 Drei **berche** Fruchtjoghurt

7 Eine **sode** Tunfisch und eine **sode** gehackte Tomaten

8 Ein **slag** Erdbeermarmelade und ein **slag** saure Gurken

9 Ach, und eine Plastik**ettü** bitte. Ich habe meinen Einkaufskorb vergessen.

Was kann man sagen?

Hier sind **eine oder mehrere Antworten** richtig, aber niemals alle.

Kaffee

☐ Eine Kanne Kaffee

☐ Eine Tasse Kaffee

☐ Eine Schachtel Kaffee (Kaffeepulver)

☐ Eine Packung Kaffee (Kaffeepulver)

Milch

☐ Ein Kilo Milch

☐ Ein Liter Milch

Suppe

☐ Ein Glas Suppe

☐ Ein Teller Suppe

☐ Ein Topf Suppe

Kartoffeln

☐ Ein Pfund Kartoffeln

☐ Ein Sack Kartoffeln

☐ Ein Zentner Kartoffeln

☐ Eine Schachtel Kartoffeln

Kuchen

☐ Ein Stück Kuchen

☐ Eine Kiste Kuchen

☐ Ein Päckchen Kuchen

Bonbons

☐ Eine Tüte Bonbons

☐ Eine Tafel Bonbons

☐ Eine Tube Bonbons

☐ Ein Kasten Bonbons

Tages- und Jahreszeiten, Monate, Wochentage etc.

Die Wörter hier sind nicht schwierig, es geht immer um Zeiteinheiten, aber das Rätsel hat es in sich. Die Buchstaben sind durch Zahlen ersetzt. Könnt ihr alle Buchstaben-Zahlen-Zuordnungen auflösen? Am besten tragt ihr zuerst die Buchstaben ein, die im Rätsel schon vorgegeben sind.

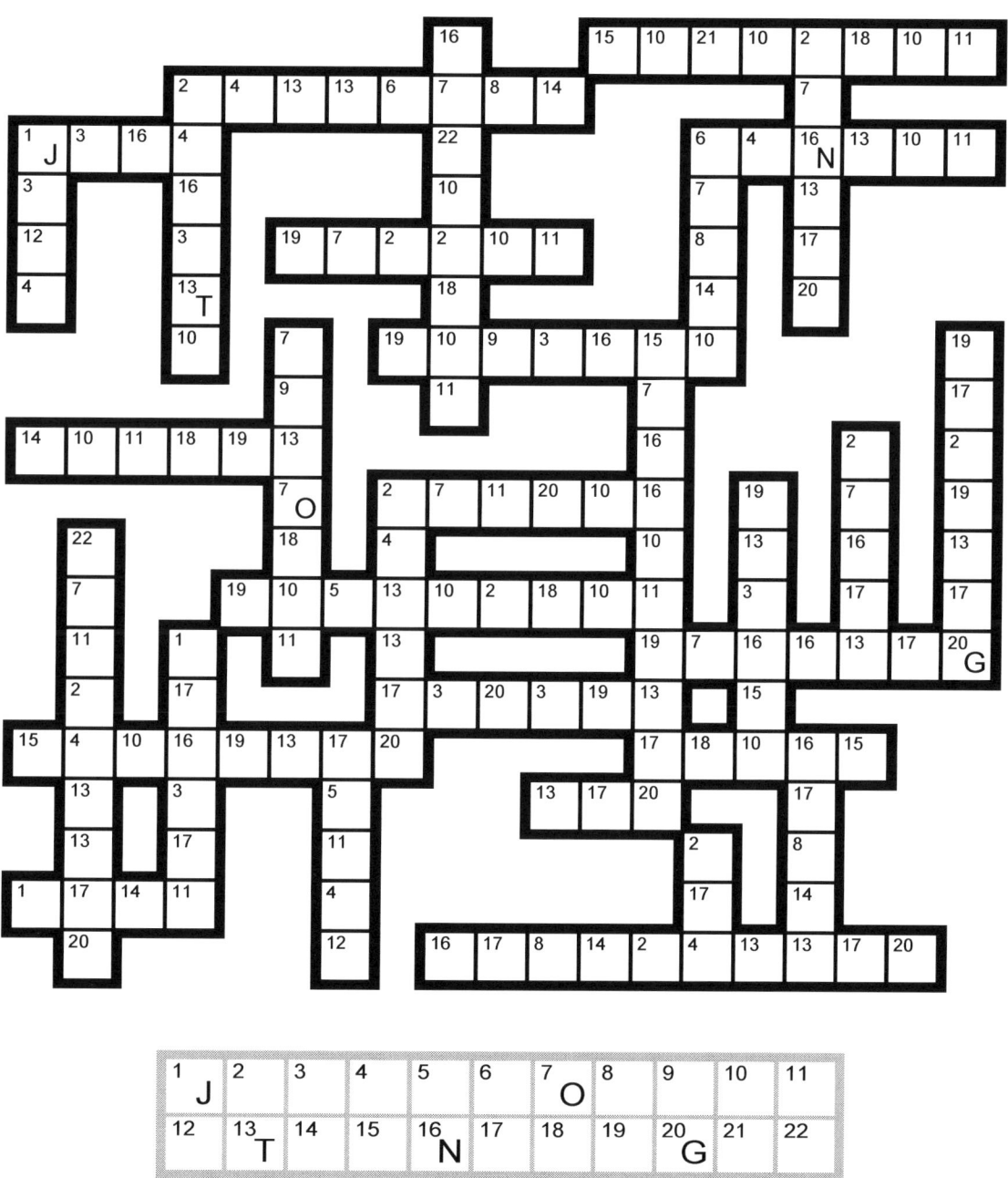

In der Box oben könnt ihr die Buchstaben zu den Zahlen eintragen. Die Buchstaben **F, Q, X, Y, Ä, Ö, Ü und ß** kommen in dem Rätsel nicht vor.

Wie viele?

	ein paar	ein Drittel	ein Viertel	halb	doppelt	ungefähr	genau	fast, beinahe	mindestens	höchstens	jede Menge, viel
Optimisten und Pessimisten: Für Optimisten ist das Glas ◆ voll, für Pessimisten ist es ◆ leer.											
30 Prozent sind knapp ◆.											
50 % von etwas sind ◆ die Hälfte.											
Nein, ich bin noch nicht fertig hier, noch lange nicht. Ich brauche noch ◆ zwei Stunden, vermutlich eher drei. Fahrt schon mal ohne mich los, ich komme nach.											
Ich bin mir nicht sicher, wie viele Leute heute Abend kommen, ich glaube, ◆ 20. Vielleicht auch 25 oder 15.											
Bin ich doof, ich habe morgen einen Zahnarzttermin. Das hätte ich doch ◆ vergessen!											
25 % sind ◆.											
Acht Stück sind ◆ so viele wie vier Stück.											
Ist noch genug Kaffee da? – Ja, ja. Hier in der Kanne ist noch ◆!											
Wie viel möchten Sie denn für Ihr neues Fahrrad ausgeben? – ◆ 700 Euro, eher weniger. Ich brauche kein teures Fahrrad, so viel fahre ich nicht. 700 Euro sind meine Schmerzgrenze.											
Einige; wie viele genau, hängt vom konkreten Kontext ab: »◆ Tage« können drei oder vier sein, »◆ Äpfel« auch; aber »ich mache uns schnell ◆ Nudeln« heißt natürlich nicht, dass ich drei oder vier Nudeln koche, sondern nur, dass es ein schnelles, einfaches Essen ist.											

Wann?

Waagrecht

1 Wann kommt denn Annas Baby, weißt du das? – Anfang September. – Huch, das ist ja schon **blad**. Ich muss noch ein Geschenk kaufen.

7 Ihr habt euch einen Hund angeschafft, das wusste ich noch gar nicht. Ihr habt den aber noch nicht lange, oder? – Na ja, doch, wir haben ihn uns **zettels** Jahr geholt, im November. Das ist schon eine Weile her.

8 Sind das hier deine Medikamente? – Ja, die weißen Tabletten muss ich am Morgen nehmen und die eine kleine gelbe **bandes**.

10 Kannst du diese Bestellung fertigmachen bitte? die Kundin wartet darauf, das Päckchen muss **huete** noch zur Post.

11 Komm, wir machen Schluss für heute, ich bin total geschafft. Den Rest machen wir **gemorn**. **gemorn** ist auch noch ein Tag.

12 Die Chefin ist noch nicht da, oder? – Doch, ich hab sie **horvin** kommen sehen.

Senkrecht

2 Familienfeste sind schon okay, aber immer dieses »Weißt du noch, **amsald**«. Da geht mir manchmal auf die Nerven.

3 Nein, ich meine nicht morgen und auch nicht nachher. Wenn ich sage **ettzj**, dann meine ich **ettzj**.

4 Hallo, Bella! Ich wusste gar nicht, dass ihr schon wieder aus Kanada zurück seid. Wann seid ihr angekommen? – **grovresten**. Ich bin noch ziemlich erledigt von der Zeitumstellung.

5 Gehst du mal ans Telefon bitte? Ich kann im Augenblick nicht, ich wickle **radege** das Baby.

6 Ich möchte gerne Schokolebkuchen bestellen. – Tut mir leid, die haben wir im **tommen** nicht. – Auf Ihrer Internetseite steht aber, dass Sie welche haben. – Ja, aber erst wieder im September. Im **tommen** gibt's die mit Schokolade leider nicht.

9 Ja, ja, ich weiß. **rühfer** war alles besser. Sagt mein Opa auch immer.

Lösungswort: Das ist nur ein Scherz. Nach einem langen, harten Arbeitstag voll mit unangenehmen Dingen:

»Alle Tage sind gleich lang, aber unterschiedlich ◆.«

Lieblingswörter

Hier könnt ihr Wörter und Redewendungen notieren, die ihr euch merken möchtet. Alles, was ihr interessant, wichtig oder vielleicht lustig oder schwierig findet.

Ihr könnt eine Liste schreiben oder eine Mindmap malen. Oder eure eigene Methode finden.

Lösungen auf Seite 143.

KOMMUNIKATION & INTERNET

Sprachen der Erde

1 Nimmt man Nord- und Südamerika zusammen, dann sprechen die meisten Menschen dort als Muttersprache ◆.

2 Zurück nach Europa: Die Polen sprechen ◆.

3 In der Türkei und Nordzypern spricht man ◆.

4 Die Italiener sprechen ◆.

5 Wenn du diese Sprache als Fremdsprache lernst, bist du eine(r) von 80 Millionen Lernern. Der berühmteste von ihnen war Mark Twain. Er schimpfte allerdings sehr über die komplizierte Grammatik, die langen Wörter und darüber, dass in »dieser schrecklichen Sprache« das Verb immer so weit hinten im Satz steht, dass man »ein Fernglas braucht, damit man es sehen kann.«

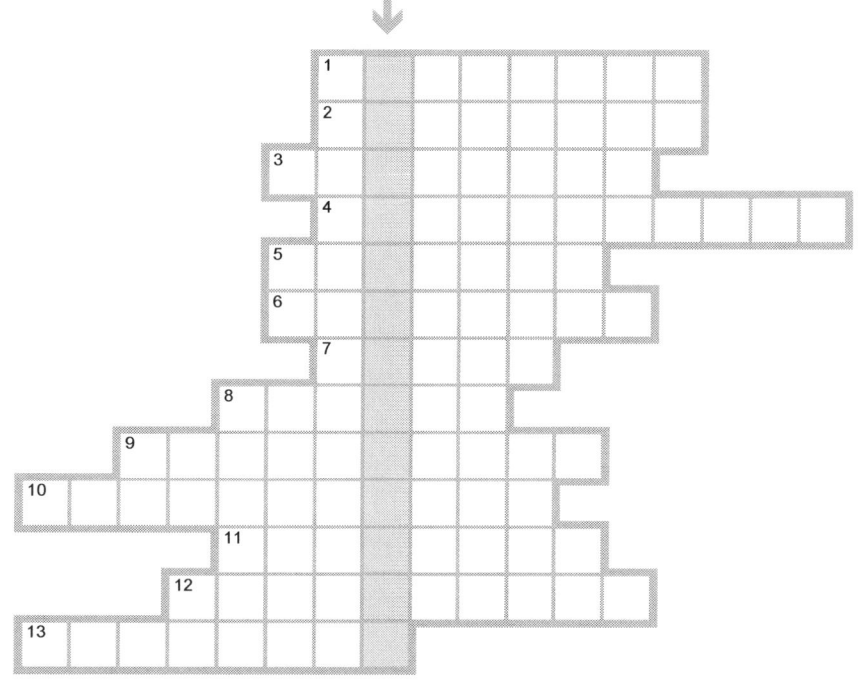

6 Dies ist international eine der wichtigsten Sprachen, vielleicht die wichtigste überhaupt. Über eine Milliarde Menschen sprechen diese Sprache als Mutter- oder Fremdsprache.

7 Auf dem indischen Subkontinent sprechen die Menschen viele Sprachen, am häufigsten aber Urdu oder ◆, das sehr ähnlich ist.

8 Das ist eine alte und (fast) tote Sprache. Aber sie war einmal die Sprache der Wissenschaft und der Kirche in Europa. Und noch heute ist sie die offizielle Amtssprache im Vatikanstaat, dem Staat des Papstes!

9 Keine andere Sprache auf der Welt hat so viele Erstsprecher: Fast eine Milliarde Menschen lernen als Muttersprache ◆, v.a. die wichtigste Variante davon, das Mandarin.

10 Diese international sehr wichtige Sprache spricht man in West- und Zentralafrika, auf Haiti, in Belgien und in Kanada (und in einem der großen Nachbarländer Deutschlands).

11 Das ist wieder sehr einfach: In Russland spricht man ◆.

12 Wer die ganz alten Philosophen (Aristoteles, Sokrates, Epikur, Heraklit, Platon etc.) im Original lesen will, der muss (Alt-)◆ lernen.

13 Scheherazade erzählte dem Sultan die »Geschichten aus tausend und einer Nacht« auf ◆.

Lösungswort: Wir suchen hier eine der ganz wichtigen Weltsprachen; sie ist Amtssprache in neun Ländern auf vier Kontinenten, über 200 Millionen Menschen sprechen sie als ihre Muttersprache und viele weitere Millionen als Zweit- oder Fremdsprache.

Miteinander reden

Ihr müsst die Wörter aus den Teilen wieder zusammenbauen. Immer genau zwei Teile ergeben ein Wort.

ant | be | bit | danken | ent | er | fra | gen | holen | hören | schuldigen | setzen | stellen | ten | über | vor | wieder | worten | zählen | zu

Du, ich muss dich mal was ◆. Wann hast du eigentlich Geburtstag?	☐☐☐⑦☐☐
Weißt du, wie ich Tina erreichen kann? Ich möchte mich bei ihr für ihre Hilfe und Unterstützung ◆.	☐⑤☐☐☐☐☐☐
Ich möchte dich um einen Gefallen ◆. Könntest du meine Bewerbung mal durchlesen und auf Fehler kontrollieren, ehe ich sie wegschicke?	☐⑥☐☐☐☐
Diesen Text hier müssen wir aber für unsere Kunden ins Deutsche ◆; nicht alle unserer Kunden können gut Englisch.	①☐☐☐☐ – ☐☐
Diese Kundin hier stellt sehr viele und ganz konkrete Fragen zu unseren Produkten; da müssen wir auch ganz detailliert ◆. Kannst du das bitte machen? Danke!	☐☐☐ – ☐ ☐☐☐
Ich muss mich wirklich bei dir ◆; ich habe deinen Geburtstag einfach vergessen!	☐☐☐ – ☐②☐☐☐☐☐☐☐
Moment, das habe ich nicht richtig verstanden. Könnten Sie das nochmal ◆ bitte?	④☐☐☐☐☐ – ☐☐☐
Was, du hast eine Stelle in Alaska angenommen? Das ist ja spannend. Wie kam das denn??? Das musst du mir alles genau ◆. Alaska!!!	☐☐ – ☐③☐☐
Darf ich Ihnen meine Familie ◆? Mein Mann Tom, das hier ist Nicki, und das hier Lisa.	☐☐ – ☐⑧☐☐☐
Reden alleine ist noch keine gute Kommunikation. Damit ein Gespräch gelingt, muss auch mindestens eine Person richtig ◆.	☐☐ – ☐☐⑨

Lösungswort: Wenn es nichts zu sagen gibt, kann man auch einfach mal

1	2	3	4	5	6	7	8	9

Mehr als »reden, sagen, sprechen«

Waagrecht

2 Eltern und Lehrer ◆ manchmal mit den Kindern, wenn die nicht das tun, was sie sollen.

4 Sehr, sehr leise sprechen heißt ◆.

7 Man muss nicht immer etwas sagen. Man kann auch einfach mal den Mund halten – also ◆.

8 Wenn wir glücklich sind, wenn wir uns freuen oder wenn etwas sehr lustig ist, dann ◆ wir.

9 Und das Gegenteil von 8➜: Menschen, die unglücklich oder traurig sind, ◆.

Senkrecht

1 Mit Gott sprechen, das nennen wir ◆. Egal zu welchem Gott und in welcher Sprache.

3 Normalerweise bitten wir höflich, wenn wir von anderen Menschen etwas wollen, aber ein General braucht das nicht. Ein General kann seinen Soldaten etwas ◆.

5 Sehr laut sein, also das Gegenteil von 4➜. Wenn uns etwas sehr weh tut, wenn wir sehr, sehr wütend sind oder einfach, wenn es um uns herum sehr laut ist, dann ◆ wir.

6 Und jetzt ◆ wir noch ein Lied!

Schreiben und lesen

Acht Dinge ➜ und ⬇, die man schreiben (und logischerweise auch lesen) kann.

Q	H	E	G	Z	F	A	A
J	J	-	J	C	A	Ä	R
M	S	M	S	Z	X	E	T
I	L	A	U	T	D	G	I
B	R	I	E	F	A	Y	K
U	M	L	K	A	R	T	E
C	B	Z	K	S	E	T	L
H	Y	J	B	L	O	G	M

eine _____

eine _____

eine _____

ein _____

ein _____

ein/einen _____

einen _____

einen _____

In Kontakt sein – mit alten und mit neuen Mitteln

In den **fett gedruckten** Wörtern sind die Buchstaben durcheinandergeraten (Beispiel: **fotelen** = Telefon).

Waagrecht

1 Reicht es, wenn ich Ihnen das Dokument zumaile? – Leider nein, wir brauchen ein Dokument mit Ihrer Unterschrift; können Sie uns ein **xaf** schicken bitte?

5 Da kommt jetzt gleich noch mal ein **fraun** von einer Frau Wille; stell den bitte zu mir durch, ich habe gerade schon mit ihr telefoniert.

6 Ich schicke Ihnen die Informationen gerne zu. Geben Sie mir Ihre **resdase** bitte.

10 Fast schon »altmodisch« in Zeiten von Mobiltelefon, E-Mail und SMS: der gute alte **befir**.

11 Warte, das muss ich mir aufschreiben. Hast du mal einen **sfitt**?

12 Hast du deine Bewerbung eigentlich schon weggeschickt? – Ja, vor zwei Wochen schon, aber ich habe noch keine **nattrow** gekriegt.

Senkrecht

1 Das macht mich wahnsinnig; jedes Mal, wenn du in Deutschland auf einem Amt etwas willst, musst du ein **fromlura** nach dem anderen ausfüllen.

2 Aus dem Urlaub schreibt man seinen Lieben zu Hause gern eine hübsche Ansichts**aekrt**.

3 Tina ist nicht zu Hause. – Hast du denn keine **nyhad**-Nummer von ihr? – Doch, warte. Ich glaube, ich habe sie in meinem eigenen **nyhad** gespeichert.

4 Das ist ja ein tolles Programm. War das teuer? – Das kostet gar nichts, das kannst du kostenlos im **renitent** runterladen. – Wirklich? Wo finde ich das? – Ich schicke dir den Link. – Super, danke!

7 Hast du die **elima** da gesehen... wir sollen irgendein Konto aktivieren...? – Ach das. Das ist Spam. Kannst du löschen.

8 Wo hab ich denn die Nummer... ich hab sie doch hier auf einen **letzte** geschrieben... warte... – Du und deine **letzte**. Ist doch klar, dass die Dinger verloren gehen. – Hier ist er!

9 Hm. Die wenigsten Leute schreiben gerne Briefe, aber die meisten bekommen gerne **spot**. Seltsam, oder?

Lösungswort: Egal in welcher Form wir kommunizieren – die meisten von uns tun das die meiste Zeit

1	2	3	4	5	6

Umgehen mit der Flut von E-Mails im Büro

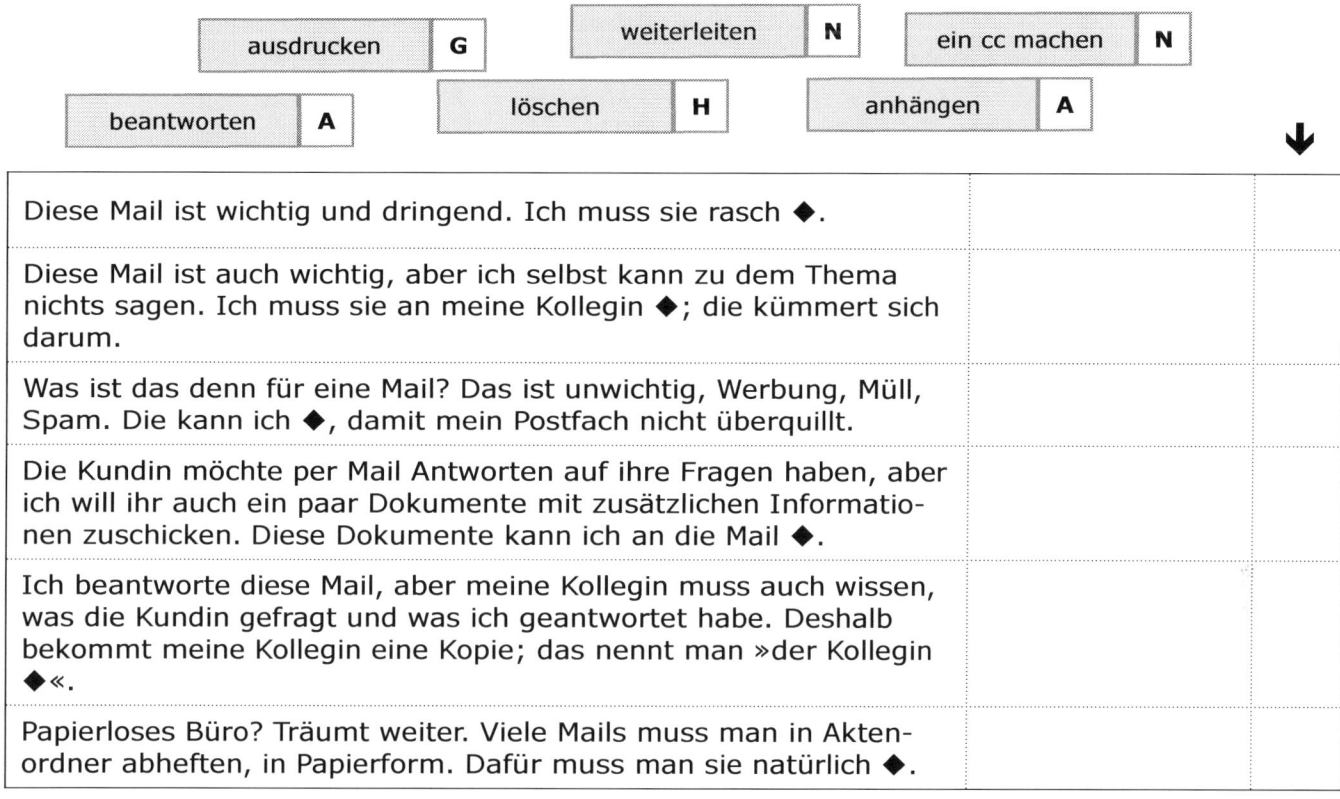

ausdrucken	G
weiterleiten	N
ein cc machen	N
beantworten	A
löschen	H
anhängen	A

Diese Mail ist wichtig und dringend. Ich muss sie rasch ◆.	
Diese Mail ist auch wichtig, aber ich selbst kann zu dem Thema nichts sagen. Ich muss sie an meine Kollegin ◆; die kümmert sich darum.	
Was ist das denn für eine Mail? Das ist unwichtig, Werbung, Müll, Spam. Die kann ich ◆, damit mein Postfach nicht überquillt.	
Die Kundin möchte per Mail Antworten auf ihre Fragen haben, aber ich will ihr auch ein paar Dokumente mit zusätzlichen Informationen zuschicken. Diese Dokumente kann ich an die Mail ◆.	
Ich beantworte diese Mail, aber meine Kollegin muss auch wissen, was die Kundin gefragt und was ich geantwortet habe. Deshalb bekommt meine Kollegin eine Kopie; das nennt man »der Kollegin ◆«.	
Papierloses Büro? Träumt weiter. Viele Mails muss man in Aktenordner abheften, in Papierform. Dafür muss man sie natürlich ◆.	

Lösungswort: Dokumente, die an der E-Mail anhängen, sind der _____.

Unsere elektronischen Geräte

Unsere liebsten elektronischen Geräte benennen wir auf Englisch. Im Rätsel sind die Buchstaben durch Zahlen ersetzt; in allen fünf Wörtern ist der Code aber gleich (gleiche Ziffer, gleicher Buchstabe). Wir suchen die Wörter für: a) Mobiltelefon b) internetfähiges Mobiltelefon c) tragbarer Computer d) kleiner flacher tragbarer Computer mit Touchscreen e) Lesegerät für elektronische Bücher (nicht in dieser Reihenfolge).

Und jetzt versteht ihr vielleicht… warum Englisch einfacher ist!

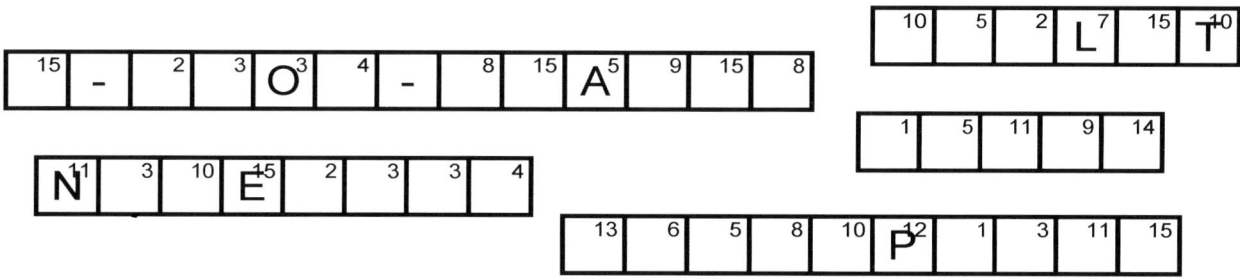

Deutsch und Denglisch

»Denglisch« sind Wörter, die halb deutsch, halb englisch sind (meist englische Verben, an die wir deutsche Endungen anhängen). Im Internet und in der Informationstechnologie überhaupt gibt es sehr viele denglische Wörter. Das kann verwirrend sein, aber manchmal hilft es auch. Wer Englisch kann, versteht das schon – meistens jedenfalls.

In dem Wortsuchrätsel unten findet ihr deutsche und denglische Wörter. Einige dieser Wörter braucht ihr für das Rätsel unten, aber nicht alle.

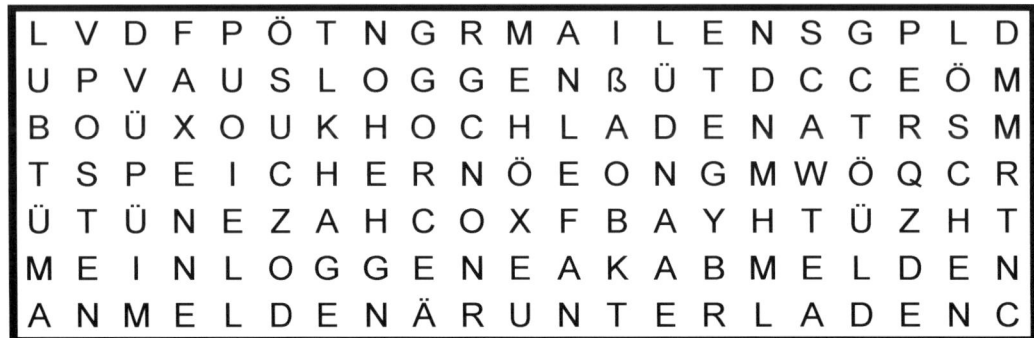

```
L V D F P Ö T N G R M A I L E N S G P L D
U P V A U S L O G G E N ß Ü T D C C E Ö M
B O Ü X O U K H O C H L A D E N A T R S M
T S P E I C H E R N Ö E O N G M W Ö Q C R
Ü T Ü N E Z A H C O X F B A Y H T Ü Z H T
M E I N L O G G E N E A K A B M E L D E N
A N M E L D E N Ä R U N T E R L A D E N C
```

1 Einen Beitrag im Internet veröffentlichen, z. B. einen Artikel in einem Blog oder eine Nachricht in einem sozialen Netzwerk schreiben. Dafür haben wir ein sehr schönes denglisches Wort (englisch mit deutscher Endung, und wir sprechen es auch englisch aus): ◆.

2 Nochmal »Denglisch«: Eine E-Mail schicken heißt ◆.

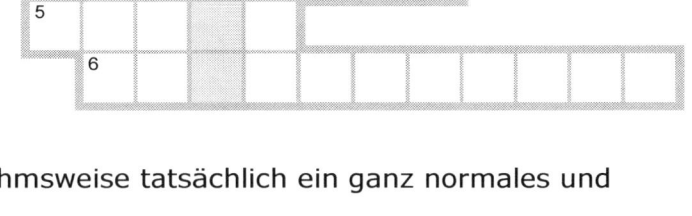

3 Sich aus einem sozialen Netzwerk, einem Konto oder aus einer Computer-Anwendung ausloggen, dafür gibt es ausnahmsweise tatsächlich ein ganz normales und treffendes deutsches Wort: ◆.

4 Computer-Anwendungen und Programme sind manchmal sehr besorgt um uns. »Möchten Sie diese Datei/Ihr Konto wirklich ◆?«, fragen sie gern. Ja, will ich. Weg damit.

5 Ein Fax schicken, das nennt man ganz einfach: ◆.

6 Sich Dateien aus dem Internet holen und sie lokal abspeichern, das nennt man auf Deutsch »aus dem Internet ◆«. Oder »downloaden«, für Leute, die es lieber Denglisch haben.

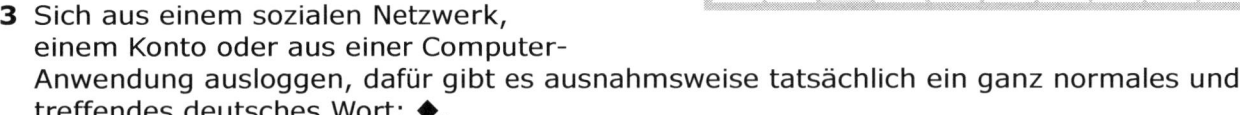

Lösungswort: Eine SMS schreiben, das nennen wir auf Deutsch _____.

Am Telefon

Am Telefon gibt es ganz spezifische Formulierungen. Hier sind die wichtigsten davon. In den **fett gedruckten** Wörtern sind die Buchstaben durcheinandergeraten (Beispiel: **rübo** = Büro). Wie heißen diese Wörter richtig?

Waagrecht

2 Frau Wick ist im Moment in einer Besprechung. Vielleicht könnten Sie so gegen 14 Uhr noch mal **fraunen**? – 14 Uhr? Alles klar. Mache ich.

6 Ich kann Ihre Bestellung nicht selbst aufnehmen, ich sitze hier an Zentrale. Ich **lestle** Sie aber gern zu unserer Kundenbetreuung durch.

7 Sie möchten Frau Beier sprechen? Einen Moment bitte, ich **vinderbe** Sie.

8 Willst du nicht mal deinen **raufenwortbanter** abhören? Er blinkt. – Der blinkt immer. Er ist kaputt. – Ach? Und wenn jemand dir eine Nachricht hinterlassen will? – Dann hat er Pech gehabt.

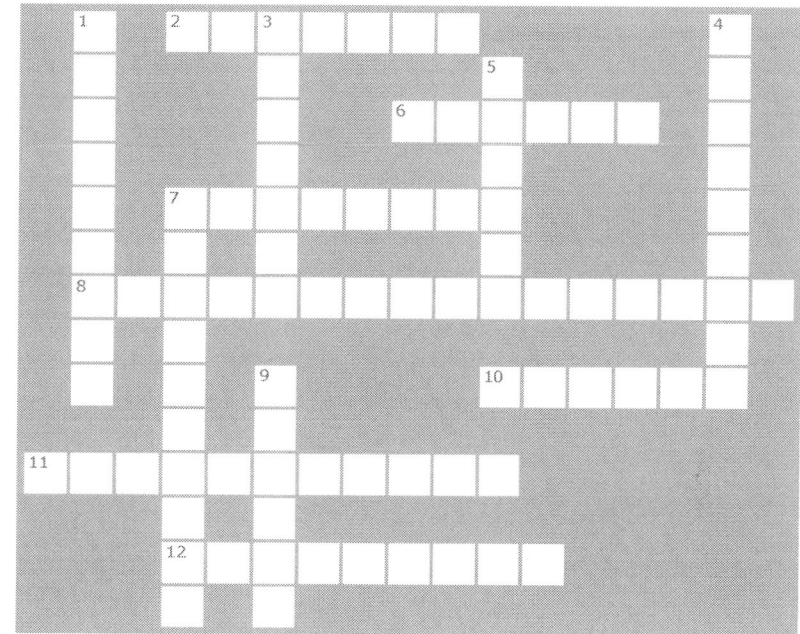

10 Hast du bei dem Laden da angerufen, wo wir den Monitor bestellt haben? – Hab ich den halben Morgen probiert, aber da **lemdet** sich niemand. – Hm. Das ist aber komisch. – Ja. Vielleicht sind die pleite…

11 Ich habe Ihren Namen nicht verstanden. Könnten Sie ihn nochmal **woderhielen** bitte?

12 Frau Kluge ist im Moment nicht am Platz. Möchten Sie ihr eine **Nichtrach** hinterlassen?

Senkrecht

1 Frau Braun spricht gerade, aber ich gebe Ihnen ihre **Dahlwurch**. Das ist die 14. – Wie bitte? – Sie wählen einfach als letzte Ziffer die 14 anstatt der 0. Das ist die direkte **Dahlwurch** von Frau Braun.

3 Hast du Herrn Giese erreicht? – Noch nicht, er ist in einer Besprechung. Ich habe mit seiner Kollegin gesprochen und um einen **fürckur** gebeten.

4 Wer war das denn am Telefon? – Weiß nicht. Eine sehr verärgerte Kundin. Bevor ich nach ihrem Namen fragen konnte, hat sie **gaulfeget**.

5 Bei GN Datentechnik kannst du anrufen wann du willst, du kriegst nie jemanden ans Telefon. Da ist immer **begelt**. – Schick doch eine Mail. Vielleicht lesen die wenigstens ihre E-Mails.

7 Ich kann Sie leider kaum verstehen, die **Vindbunger** ist so schlecht.

9 Dies ist der Anschluss von Tina Bauer. Ich bin im Moment nicht zu Hause, aber ich rufe Sie gerne **ürzuck**.

Lieblingswörter

Hier könnt ihr Wörter und Redewendungen notieren, die ihr euch merken möchtet. Alles, was ihr interessant, wichtig oder vielleicht lustig oder schwierig findet.

Ihr könnt eine Liste schreiben oder eine Mindmap malen. Oder eure eigene Methode finden.

Lösungen auf Seite 144.

ARBEIT UND BERUF

Was die Leute über ihre Arbeit sagen

In den **fett gedruckten** Wörtern sind die Buchstaben durcheinandergeraten (Beispiel: **Abiret** = Arbeit). Wie heißen diese Wörter richtig?

Waagrecht

5 Du hast einen Job bei Summertime, habe ich gehört? Was machst du da? – Ach, das ist ein **Borü**job; Prospekte verschicken, E-Mails bearbeiten, Rechnungen schreiben und so. Nicht so spannend.

6 Ich **aitebre** schon seit Monaten fünfzig Stunden pro Woche, langsam reicht's mir.

8 Summertime? Ist das eine große **Fraim**? – Ja, schon. Über 4000 Mitarbeiter weltweit!

9 Sag mal, was machst du eigentlich den ganzen Tag in der Arbeit? – Ähh, das ist nicht so leicht zu erklären. Das ist eine sehr schwierige und komplexe **Afugbae**.

11 Mein Job ist eigentlich ziemlich langweilig, aber die **Keegllno** sind nett, und die Chefin auch.

12 Meine Schwester hat ihren Traumjob gefunden. Sie verkauft Motorrad-Kleidung in einem kleinen **Gschfteä**.

14 Gottseidank! Endlich **Wendenoche**!

Senkrecht

1 Was ich mache? Ich **vrekufae** Handys und Handyverträge, den ganzen Tag lang, sechs Tage in der Woche. – Aha. Ist das interessant? – Wenn du immer mit so vielen Kunden zu tun hast – das ist immer interessant, glaub mir!

2 Also, ich finde, Arbeit muss **Sßap** machen. Sonst macht ja alles keinen **Sßap**.

3 Ich hab dich gestern gesehen; fährst du jetzt Pizza aus? – Ja – das ist aber nur ein Ferien**bjo**, für vier Wochen.

4 Wer war das denn? – Die Dame in dem blauen Kostüm? Das war unsere neue **Cifhen**!

5 Taxifahrer!!! Das ist doch kein richtiger **Bfuer**, nur ein Job!!! – Findest du? Dich nehme ich jedenfalls nicht mit, wenn du mal ein Taxi brauchst.

7 Meine neue Arbeit ist super-**stanterines**. Ich bin richtig glücklich!

10 Meine neue Arbeit ist anstrengend, aber ich kriege auch viel mehr **Gdel** als vorher.

13 Gottseidank. Ab morgen habe ich vier Tage **fier**!

Berufe und Tätigkeiten

1 Sie muss immer sehr früh aufstehen. Sie bäckt Brot, Brötchen, Kuchen und Torten.

2 Eine Frau in einer Leitungsposition. Sie führt eine große Firma oder einen großen Konzern (engl. Wort).

3 Ein Handwerker. Er arbeitet mit Holz.

4 Sie arbeitet im Krankenhaus und pflegt kranke Menschen.

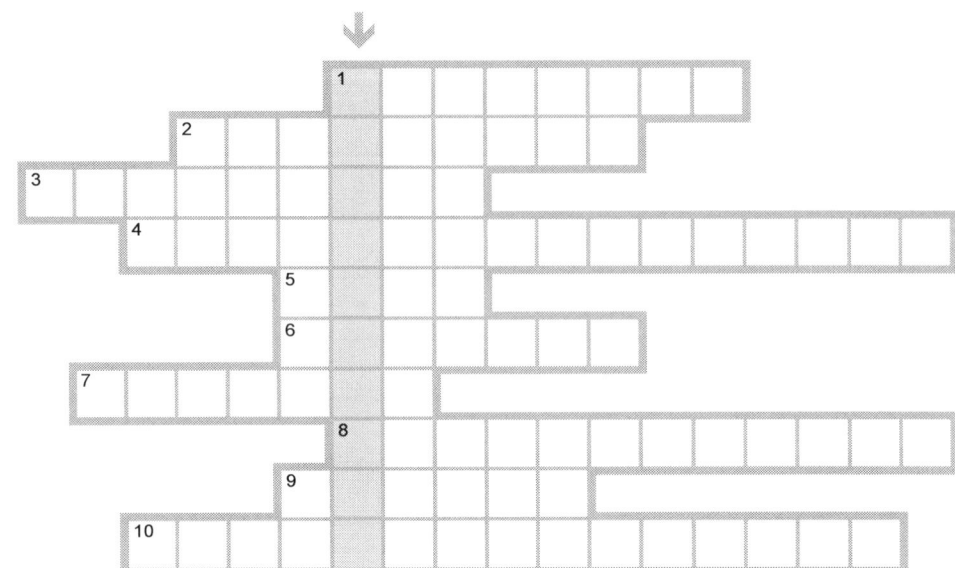

5 Ein anderes Wort für Doktor

6 Sie heißt auch Landwirtin. Sie hat Felder, Tiere und Ställe und produziert Lebensmittel.

7 Ich sehe aus wie eine Vogelscheuche. Meine Haare sind viel zu lang, und die Farbe gefällt mir auch nicht mehr. Ich muss wirklich mal wieder zum ◆.

8 Sie arbeitet in einer Bank. Der Ausbildungsberuf heißt ◆.

9 Er unterrichtet in einer Schule.

10 Sie schreibt Computerprogramme.

Lösungswort: Eine sicherlich ziemlich anstrengende Tätigkeit, aber kein Ausbildungsberuf.

Was passt nicht?

Immer ein Wort passt nicht zu den anderen. Die Anfangsbuchstaben der »falschen« Wörter geben von oben nach unten das Lösungswort (ein Arbeitsplatz im Supermarkt).

Ausbildung, Kündigung, Praktikum, Lehrstelle	
Abteilung, Geschäft, Laden, Supermarkt	
Gehalt, Lohn, Geld, Studium	
Job, Schreibtisch, Arbeitsplatz, Arbeitsstelle	
Kollegin, Chefin, Elektrikerin, Mitarbeiterin	

Wer arbeitet wo?

Hier findest du → und ↓ neunzehn Berufe und Tätigkeiten. Wo ist der Arbeitsplatz dieser Leute? Draußen bei Wind & Wetter, im Büro/am Computer oder eher in einer Werkstatt?

Wir haben immer nur die männliche Form der Berufsbezeichnung aufgeführt, auch bei typischen »Frauenberufen«.

```
I  M  Ü  B  E  R  S  E  T  Z  E  R  R  C  R  I  J  G  E  Ü  Q  B  K
O  P  Ö  K  R  A  N  K  E  N  P  F  L  E  G  E  R  X  H  N  N  A  A
C  S  V  Y  Z  J  M  O  Ä  U  Y  Z  I  B  I  Ä  B  ß  O  Y  D  U  S
H  C  X  U  I  D  A  C  H  D  E  C  K  E  R  G  Ü  T  N  Y  Ä  A  S
Ö  H  X  V  E  R  K  Ä  U  F  E  R  Y  D  ß  F  R  I  S  E  U  R  I
B  L  D  A  H  R  D  J  F  K  G  N  V  I  R  K  O  C  H  E  G  B  E
Y  O  W  S  E  Q  V  B  Ü  A  U  T  O  E  L  E  K  T  R  I  K  E  R
Z  S  E  K  R  E  T  Ä  R  H  S  E  Y  N  G  Ä  R  T  N  E  R  I  E
P  S  Y  C  H  O  T  H  E  R  A  P  E  U  T  E  A  R  Ü  Z  Ü  T  R
S  E  F  D  D  Ü  X  S  C  H  R  E  I  N  E  R  F  K  B  A  U  E  R
K  R  B  V  N  T  L  M  E  D  I  E  N  G  E  S  T  A  L  T  E  R  M
```

Arbeitet meistens draußen

_____

_____

_____

_____

Arbeitet im Restaurant/ in der Kneipe

_____

_____

Arbeitet meistens im Büro/am Schreibtisch

_____

_____

_____

Arbeitet im Laden/im Geschäft

_____

_____

_____

Arbeitet in der Werkstatt/in der Fabrik

_____

_____

_____

Arbeitet viel mit Menschen

_____

_____

_____

Arbeiten

Ihr müsst die Wörter aus den Teilen wieder zusammenbauen. Bei Substantiven (und nur bei Substantiven) ist der erste Buchstabe eines Wortes immer großgeschrieben.

ar | Be | beits | bung | Feier | Ge | gung | halt | Kündi | los | tag | Teil | wer | zeit

Anton arbeitet nur 20 Stunden pro Woche. Er arbeitet nicht Vollzeit, sondern ◆.	
Sehr schön, heute müssen die meisten Leute nicht arbeiten. Alle Läden und Geschäfte sind geschlossen. In Deutschland ist z.B. der 1. Januar, der 1. Mai und der erste Weihnachtstag ein ◆.	
Das Geld, das ich für meine Arbeit bekomme, ist mein ◆.	
Es gibt eine Stelle bei Firma xy, die mich interessiert. Da schicke ich doch sofort eine ◆ hin!	
Wunderbar, die Firma xy will mich haben, der Job ist interessanter als der, den ich jetzt habe, und ich verdiene dort auch mehr. Ich wechsele also meine Arbeitsstelle. Meinem alten Arbeitgeber schreibe ich rechtzeitig die ◆, damit ich aus dem Arbeitsvertrag rauskomme.	
Tom hat gerade keine Arbeitsstelle, er findet und findet einfach nichts. Er ist ◆.	

Sieben gute Gründe, nicht zu arbeiten

Hier müsst ihr erstens ➜ und ⬇ sieben Begriffe finden. Zweitens: Die Buchstaben in den dunkelgrauen Kästchen ergeben einen weiteren Grund, nicht zu arbeiten (zwei Wörter), wenn ihr jedes Wort an der richtigen Stelle eintragt! Man muss ein wenig herumprobieren und überlegen, denn manche Wörter sind ja gleich lang.

```
Y I K U U F A I P F
P U R L A U B I Q R
L P A K H R R U M U
S O N N T A G L B R
S B K E L F Y G U H
Z S H W R E U L B A
J F E I E R T A G U
G O I Q N I S P W Q
N D T N T E C Q H S
W O C H E N E N D E
```

— — — — —   — — — —

Berufe: Wunsch und Wirklichkeit

Jedes Jahr beginnen fünfhunderttausend junge Menschen in Deutschland eine Ausbildung. Es gibt sehr, sehr viele Berufe, aber 26 % der Jugendlichen wählen einen von nur sieben(!) Berufen.

Außerdem träumen die meisten Jugendlichen von angesehenen akademischen Berufen. Es gibt eine Liste der »10 Wunschberufe« und eine Liste der »10 häufigsten Ausbildungsberufe«. Und es gibt keine einzige Übereinstimmung. Und jetzt überlegt mal: Welcher Beruf steht auf welcher Liste?

	Liste der häufigsten Ausbildungsberufe	Liste der Traumberufe
Anwalt/Anwältin	☐	☐
Architekt/-in	☐	☐
Arzt/Ärztin bzw. Tierarzt/Tierärztin	☐	☐
Bankkaufmann/Bankkauffrau	☐	☐
Bürokaufmann/Bürokauffrau	☐	☐
Friseur/-in	☐	☐
Industriekaufmann/Industriekauffrau	☐	☐
Ingenieur/-in	☐	☐
Journalist/-in	☐	☐
Kaufmann/Kauffrau im Einzelhandel	☐	☐
Kaufmann/Kauffrau im Groß- und Außenhandel	☐	☐
Koch/Köchin	☐	☐
Kraftfahrzeugmechatroniker/-in	☐	☐
Lehrer/-in	☐	☐
Manager/-in, Unternehmer/-in	☐	☐
Medizinische/r Fachangestellte/r	☐	☐
Naturwissenschaftler/-in	☐	☐
Psychologe/Psychologin	☐	☐
Schauspieler/-in, Künstler/-in, Model	☐	☐
Verkäufer/-in	☐	☐

Über die Arbeit sprechen

Waagrecht

1 Viel zu tun? – Ja, wahnsinnig viel. Wir kommen einfach nicht hinterher und die Arbeit wird immer mehr. Wir haben im Moment echt **Sersts**.

2 Mein Job ist richtig schlecht bezahlt; es reicht einfach nie. Jedes Mal ist am Ende vom Geld noch ganz viel **Monta** übrig.

6 Manche Leute haben einfach immer nur Glück; wie Dieter. Er hat einen absolut lockeren Job, die Arbeitsstelle ist zehn Minuten von seiner Wohnung weg und er **diverent** ein Schweinegeld.

7 Du bist schon wieder da? Wolltest du nicht heute wieder in die Arbeit? – Ich war auch da. Ich hab einen Blick auf meinen **Sichberichts** geworfen und bin wieder gegangen. Die spinnen, die Kollegen. Alles zu mir! Was haben die eigentlich gemacht, während ich im Urlaub war?

10 Die alte Arbeitsstelle aufgeben, eine neue anfangen: den Job/die Arbeitsstelle/den Arbeitgeber **schwelen**.

11 Was macht deine Tochter jetzt, studiert sie noch? – Nein, sie ist fertig, aber sie kriegt keine Stelle. Sie macht jetzt schon das dritte **Purktimak**, unbezahlt. – Tja, die Generation **Purktimak**, das liest man ja überall. Hoffentlich lernt sie dort wenigstens was.

12 He, ich habe gehört, du hast einen neuen Job. Glückwunsch! Wie viele **Bubrewengen** hast du geschrieben? – Eine. – Wie, eine? – Ja, eine. Ich wollte genau zu dieser Firma, und genau diesen Job hab ich gekriegt.

Senkrecht

1 Meine Tochter will Ärztin werden, sie ist an der Uni und **distuert** Medizin.

3 Ich habe keine Lust mehr auf diesen Job und diese Kollegen, und auch nicht mehr auf diese Chefin. Ich habe die Nase voll, ich **kingüde**.

4 Ich habe eine Bewerbung geschrieben, und die hat der Personalchefin gut gefallen. Ich habe einen Termin; am Dienstag um 14:00 soll ich mich dort persönlich **stollveren**.

5 Arbeitslose haben den ganzen Tag Zeit? Von wegen, es ist richtig Arbeit, eine neue Arbeit zu **uschen**.

8 Der Arbeitsvertrag regelt so Dinge wie Aufgaben, Arbeitszeiten und Gehalt; und auch, wie viele Tage **Ubural** man pro Jahr hat.

9 Was macht eigentlich Tina beruflich? Sie ist Verkäuferin und sitzt im Supermarkt an der Kasse, stimmt's? – Nein, nein, das ist schon lange vorbei. Sie ist die Chefin dort, sie **elitet** die ganze Filiale.

Wege in den Beruf

Ihr müsst die Wörter aus den Teilen wieder zusammenbauen. Der erste Buchstabe eines Wortes ist immer großgeschrieben.

Aus | bil | dium | dung | ein | Prak | Quer | steiger | Stu | tikum

Für sehr viele Berufe ist der normale Weg der über eine ◆ in einem Betrieb. Die ◆ dauert normalerweise 2-3 Jahre und schließt mit einer theoretischen und praktischen Prüfung ab.	☐☐☐☐☐☐☐☐☐☐
Akademikerinnen und Akademiker (Mediziner, Juristen, Lehrer) müssen ein ◆ an einer Universität abschließen.	☐☐☐☐☐☐
Das Lernen an der Universtät ist oft sehr theoretisch; deshalb machen viele Studenten in den Ferien oder sogar ein ganzes Semester lang ein ◆ in einer Firma.	☐☐☐☐☐☐☐☐☐
Und wer zwar keinen Berufsabschluss hat und auch an keiner Uni war, aber etwas gut kann und das praktisch auch schon lange macht, der hat vielleicht auch als ◆ eine Chance.	☐☐☐-☐☐☐☐☐☐☐

Arbeitnehmer/in sein

Wie viel ich brutto verdiene, ist klar. Wie viel ich netto tatsächlich bekomme (also minus Abzüge), steht

☐ im Arbeitsvertrag
☐ auf der Gehaltsabrechnung.

Der größte Zeitdieb der Arbeitswelt:

☐ die Mittagspause
☐ Sitzungen und Besprechungen.

Wer pro Woche mehr Stunden arbeitet als im Arbeitsvertrag steht, macht

☐ Überstunden
☐ Zeitstunden.

Und jetzt ist Schluss, ich will nicht mehr, ich kündige. Wann kann ich gehen?

☐ Sofort
☐ Das kommt darauf an. Die Kündigungsfrist steht im Arbeitsvertrag.

Was gehört *nicht* in eine Bewerbungsmappe?

☐ Foto
☐ Lebenslauf
☐ Mitgliedsausweis der Gewerkschaft
☐ Berufsabschluss- und Arbeitszeugnisse.

»Tschüss!«, ruft jemand den Kollegen am Ende des Arbeitstages zu, und die Kollegen rufen zurück: »Schönen Feierabend!«

☐ Die Kollegen treffen sich gleich anschließend in der Kneipe auf ein Bier.
☐ Der Kollege geht jetzt zu einem Fest.
☐ »Feierabend« heißt nur, dass der Arbeitstag zu Ende ist und dass man jetzt frei hat (so wie in »Feiertag«; da muss man ja auch nicht unbedingt feiern).

Wichtige Berufe

Waagrecht

1 Eine ganze Gruppe von Berufen; sie heißen nach dem Ort, an dem man arbeitet. Hier ist man immer drinnen, oft arbeitet man mit Computer und Telefon. Die Sekretärin gehört zu dieser Gruppe, aber es gibt noch viele andere ◆berufe.

3 Diese Frau hat einen Männerberuf: Sie steuert ein Flugzeug!

4 Ein Bauberuf, und er ist körperlich anstrengend. Ein ◆ muss meist im Stehen arbeiten und oft Steine oder andere schwere Dinge tragen. Aber kein Haus, kein Gebäude entsteht ohne ◆!

6 Noch eine ganze Gruppe von Berufen: Berufe, die viel mit Menschen zu tun haben, nennt man ◆ Berufe.

7 Ein akademischer technischer Beruf. Er (nicht so oft »sie«) entwirft, plant und leitet Projekte. Es gibt den ◆ in vielen verschiedenen Branchen, z.B. Bau◆, Chemie◆, Elektro◆ oder Maschinenbau◆.

9 Bei diesem Doktor muss man immer den Mund öffnen, man kann aber meist wenig sagen.

11 Ein ◆ arbeitet in einem Restaurant, in einer Kantine oder auch in einem Krankenhaus etc. Er bereitet Speisen und Gerichte zu.

12 Eine besondere Art Krankenschwester. Sie kümmert sich um schwangere Frauen, hilft bei der Geburt und kümmert sich auch noch danach um Mütter und Neugeborene. Es ist praktisch zu 100 % ein Frauenberuf.

13 Ein wichtiger juristischer Beruf, aber nicht »Anwalt«. Er hat eine andere Rolle beim Gericht, er spricht das Urteil.

Senkrecht

1 Es ist noch gar nicht so lange her, da war dies der häufigste Beruf überhaupt. Noch um 1900 war jeder Zweite in Deutschland ein ◆, lebte und arbeitete auf dem Land und produzierte Nahrungsmittel.

2 Wer kontrolliert den Verkehr, fängt Verbrecher und sorgt für Sicherheit und Ordnung...??? Genau: der ◆.

4 Man kann an van Gogh, Picasso und Dürer denken; aber auch der Handwerker, der meine Wände oder meine Fenster streicht, ist ein ◆ (der Beruf heißt »◆ und Lackierer«).

5 Ein Mann in einem Frauenberuf: Er arbeitet in einem Kindergarten, in einem Hort oder in einer anderen Einrichtung für Kinder und Jugendliche.

8 Ein ◆ braucht ein gutes Auge und einen guten Geschmack. Er gestaltet Plakate, Broschüren, Bücher und Webseiten – alles eben, was Menschen anschauen und schön finden sollen.

10 Er sitzt die meiste Zeit in einem Auto oder in einem LKW. Sein (sehr selten: »ihr«) Arbeitsplatz ist die Straße.

Wer macht was? Abteilungen im Unternehmen

Stellen wir uns ein nicht zu großes, nicht zu kleines Unternehmen vor – sagen wir, ein mittelständisches Unternehmen mit 80 Mitarbeitern. Dies ist eine Firma, die wirklich noch alles macht: Sie stellt eigene Produkte her (sagen wir: Gummibärchen), sie kümmert sich um den Verkauf, die Werbung und die Kunden. Was geschieht wo?

	Buchhaltung	EDV bzw. IT	Einkauf	Geschäftsleitung	Kundenservice	Marketing	Produktion	Personalabteilung	Versand
In dieser Abteilung dreht sich alles um Kommunikation – um Pressearbeit, Werbung und um die Firmen-Webseite im Internet.									
Hier sitzen die Chefinnen und Chefs, hier fallen die wichtigen Entscheidungen.									
Diese Abteilung kümmert sich um die Mitarbeiter. Sie schaltet Stellenanzeigen, stellt neue Leute ein, organisiert Weiterbildungen und schreibt auch die Kündigungen ;(									
Hier sitzen Leute, die gut mit Zahlen umgehen können. Sie erstellen z. B. Rechnungen und Bilanzen. Sie wissen auch, ob die Firma Gewinn macht oder nicht!									
Aber welche Abteilung stellt die Dinge (hier: die Gummibärchen) überhaupt her?									
Gummibärchen wachsen nicht auf Bäumen. Um sie herzustellen, braucht man Rohstoffe. Wer besorgt die (möglichst zu einem guten Preis)?									
Diese Abteilung kümmert sich um die Computer der Firma, programmiert Anwendungen und Datenbanken und sorgt dafür, dass das interne Netzwerk und der Internetanschluss funktionieren.									
Klingt banal, ist aber ein harter Job: Hier sitzen Leute, die die Produkte verpacken, Lieferungen zusammenstellen, LKWs koordinieren und letztlich dafür sorgen, dass die Ware pünktlich und heil bei den Kunden ankommt.									
Diese Abteilung berät, nimmt Beschwerden entgegen und sorgt nach Möglichkeit dafür, dass alle Kunden immer zufrieden sind. Denn: Der Kunde ist König!									

Handwerksberufe aus dem Mittelalter: Warum die Deutschen »Zimmermann« und »Fischer« heißen

Die meisten alten Handwerksberufe gibt es nicht mehr, aber jeder kennt sie noch: als Nachnamen. Die häufigsten deutschen Familiennamen stehen für alte Berufe. Aber was haben diese Leute, nach denen wir heute noch heißen, damals eigentlich gemacht?

Für das Lösungswort müsst ihr die Buchstaben neben der Berufsbezeichnung in die Tabelle eintragen. Es ist auch ein historischer Beruf, aber ich glaube, alle sind froh, dass es ihn nicht mehr gibt! PS.: Bitte achtet auf das »ß« bei Schmidt (nicht »B«).

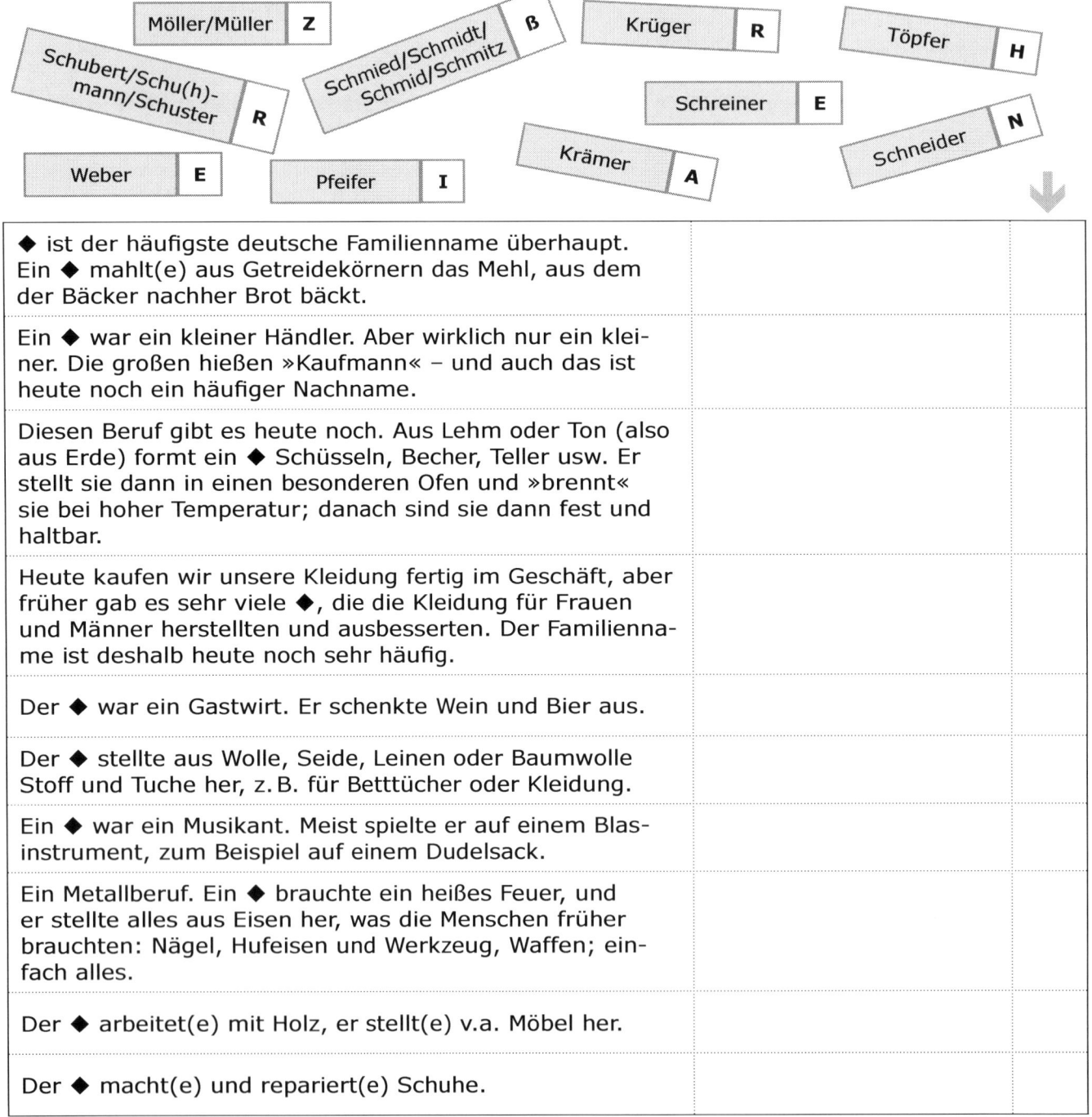

◆ ist der häufigste deutsche Familienname überhaupt. Ein ◆ mahlt(e) aus Getreidekörnern das Mehl, aus dem der Bäcker nachher Brot bäckt.		
Ein ◆ war ein kleiner Händler. Aber wirklich nur ein kleiner. Die großen hießen »Kaufmann« – und auch das ist heute noch ein häufiger Nachname.		
Diesen Beruf gibt es heute noch. Aus Lehm oder Ton (also aus Erde) formt ein ◆ Schüsseln, Becher, Teller usw. Er stellt sie dann in einen besonderen Ofen und »brennt« sie bei hoher Temperatur; danach sind sie dann fest und haltbar.		
Heute kaufen wir unsere Kleidung fertig im Geschäft, aber früher gab es sehr viele ◆, die die Kleidung für Frauen und Männer herstellten und ausbesserten. Der Familienname ist deshalb heute noch sehr häufig.		
Der ◆ war ein Gastwirt. Er schenkte Wein und Bier aus.		
Der ◆ stellte aus Wolle, Seide, Leinen oder Baumwolle Stoff und Tuche her, z. B. für Betttücher oder Kleidung.		
Ein ◆ war ein Musikant. Meist spielte er auf einem Blasinstrument, zum Beispiel auf einem Dudelsack.		
Ein Metallberuf. Ein ◆ brauchte ein heißes Feuer, und er stellte alles aus Eisen her, was die Menschen früher brauchten: Nägel, Hufeisen und Werkzeug, Waffen; einfach alles.		
Der ◆ arbeitet(e) mit Holz, er stellt(e) v. a. Möbel her.		
Der ◆ macht(e) und repariert(e) Schuhe.		

Arbeitswörter zum Lernen und Wiederholen

Sucht hier bitte ➔ und ↓ die Wörter und sortiert sie unten ein.

Übrigens: Ihr könnt solche Lern-Karten (»Mindmaps«) auch selber zeichnen. Man braucht dafür nur Stift und Papier. Mindmaps sind eine tolle Möglichkeit, Wörter zu lernen und zu wiederholen. Wichtig ist nur, dass ihr gute Überschriften (Kategorien) findet.

```
B L Q G S P A N N E N D R D T V Ö Q Z L Q S M
R K W O C H E N E N D E O B Ü R O K R A F T Ä
Ä W V A H D G C Ä Ü M E D T Ö Ä Q E V N L S J
X F U R W E U D Z H W U Ä E K Ü N D I G U N G
Ü A R B E I T S V E R T R A G S B E W W V J N
A H L E R F B P A K E T Z U S T E L L E R D F
R R A I N T E R E S S A N T T O W Q S I M J E
G E U T T H Z F ß Ü D J F B R E E Ö R L X O I
S R B S P R A K T I K A N T E X R G Q I J C E
N K B Z Ä R H A U S M A N N S F B ß F G G M R
L N G E H A L T U G H F R I S E U R Z J N Ö T
R L E I C H T G W L H B E D I E N U N G J Y A
Z V S T E L L E N A N Z E I G E G W A ß N E G
```

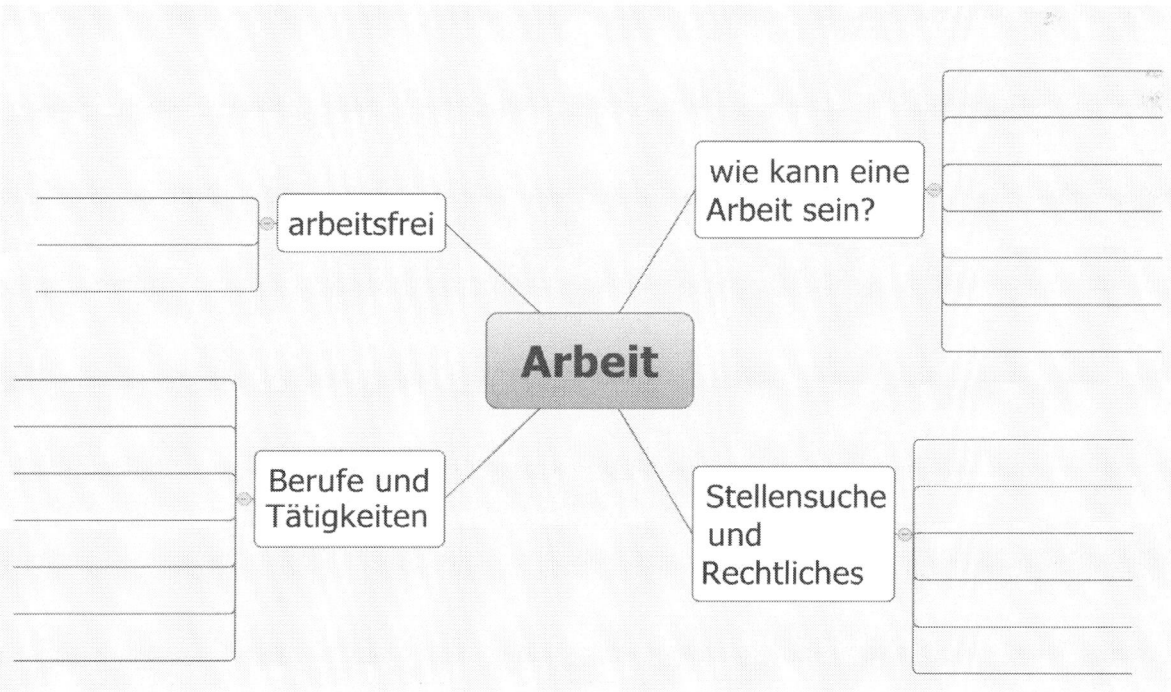

Lieblingswörter

Hier könnt ihr Wörter und Redewendungen notieren, die ihr euch merken möchtet. Alles, was ihr interessant, wichtig oder vielleicht lustig oder schwierig findet.

Ihr könnt eine Liste schreiben oder eine Mindmap malen. Oder eure eigene Methode finden.

Lösungen auf Seite 145.

GELD

»Das Schöne am Kapitalismus ist das Geld.«
(Henning Krumrey im Magazin »focus«)

1 Schau mal, die T-Shirts da drüben. Nur vier Euro das Stück. – Oh, ja. Das ist aber wirklich extrem ◆. Meinst du, die taugen was?

2 Was ◆ die Broschüre hier bitte? – Die ◆ nichts, die können Sie einfach mitnehmen. – Das ist aber nett, dankeschön!

3 Lass uns essen gehen heute A00bend. – Hm. Komm lieber zu mir, ich koche. Ich habe diesen Monat schon zu viel Geld ausgegeben, ich muss jetzt ein bisschen ◆.

4 Hier, bitte: Kartoffeln, Petersilie, Möhren, und Ihr Salat. Das ◆ zusammen vier Euro zehn bitte. – Und die Äpfel. – Ah ja, die Äpfel, die hätte ich jetzt fast vergessen. Das sind dann... sechs Euro fünzig bitte. Hier, ein Zwiebelchen. Das gebe ich Ihnen dazu, für den Salat!

5 Oh je, ich habe meinen Geldbeutel vergessen. Kannst du mir 20 Euro ◆? – Ja, aber da vorn ist ein Geldautomat, da kannst du Geld abheben. – Du bist lustig. Meine Karte ist natürlich auch zu Hause im Geldbeutel.

6 Puh, die Sachen sind aber ◆ hier in dem Laden. Lass uns weiterschauen, das bekommen wir sicher anderswo günstiger. – Das stimmt. Die sind ja verrückt hier mit ihren Preisen.

7 Ahh, war das gut. Ich danke dir für die Einladung. Aber jetzt gehen wir nach Hause, komm. – Langsam, wir müssen erst noch ◆! Bedienung? Die Rechnung bitte. – Oh je. Ich glaube, das war ein Glas Wein zu viel!

8 Können wir bei Ihnen mit Kredit◆ bezahlen, oder geht es nur in bar? – Nein, nein, natürlich können Sie mit ◆ zahlen. Hier, bitte; und jetzt die Geheimnummer eingeben bitte.

9 Du wolltest doch Geld abheben, schau, da vorne ist ein Geldautomat. – Ja, aber von der falschen Bank. Ich hab mein ◆ bei der Sparkasse; hier muss ich Gebühren bezahlen.

Lösungswort: Wenn etwas sehr günstig ist, wenn es sehr viel weniger kostet als normalerweise, dann sagt man: Das ist ja praktisch _____!

Nur bei uns, nur heute! Greifen Sie zu...

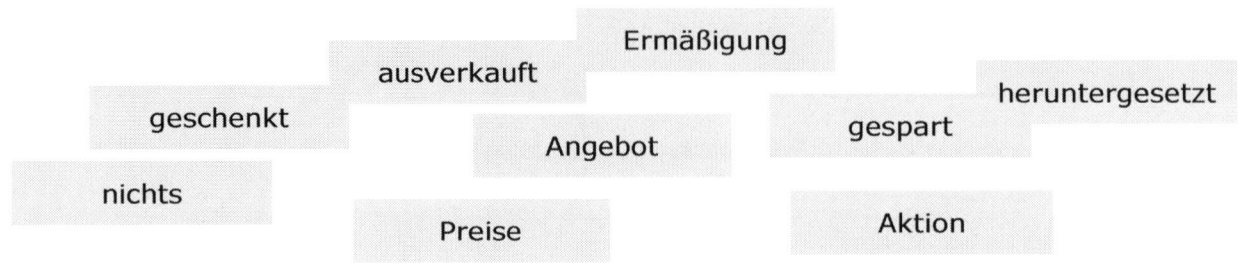

Und, hast du dir das Notebook gekauft, von dem du neulich erzählt hast? – Ach, das war blöd, ich habe keins mehr gekriegt. Ich war zu spät dran. – Wie, zu spät dran? – Das war ein Sonderangebot. Als ich in den Laden kam, waren schon alle weg. Die Verkäuferin hat gesagt, die Notebooks waren am Vormittag schon alle ◆.	
Das kostet ◆. – Wie, das kostet ◆? Das glaube ich nicht. Du kennst doch das Sprichwort: Umsonst ist der Tod! Alles kostet irgendwas.	
Ein Zeitungsabonnement für 10 Euro im Monat, wo gibt's denn so was? – Die Zeitung macht gerade eine ◆ in der Fußgängerzone. Du bekommst Probeausgaben geschenkt, und es gibt ein Probeabo für 10 Euro im Monat. Du darfst nur nicht vergessen, es rechtzeitig zu kündigen, sonst hast du ein Jahresabo zum normalen Preis. – Aha!	
Puhh, neun Euro für's Kino, das ist schon sehr viel Geld. – Vielleicht gibt's für Studenten eine ◆. – Hm. Hier steht aber nichts von Studentenrabatt. – Lass uns trotzdem fragen. Fragen kostet nichts.	
Schau mal, das ist ein hübsches Restaurant da drüben. Lass uns mal auf die Speisekarte schauen. – Interessante Karte. – Ja, aber hast du die ◆ gesehen (Pl.)? Kürbissuppe, acht Euro. Für einen Teller Suppe??? Das ist nichts für meinen Geldbeutel. Lass uns weiterschauen.	
Du grinst ja so. Erzähl! – Ich habe gerade 250 Euro ◆. – Ach ja? Wie hast du das denn wieder gemacht? – Ich hab dir doch neulich diesen tollen Schreibtischstuhl gezeigt. Der 400 Euro kosten sollte, erinnerst du dich? Jetzt habe ich ihn im Sonderangebot gefunden, reduziert auf 150 Euro. Da hab ich natürlich sofort zugeschlagen.	

So ein toller Stuhl für 150 Euro? Das ist ja ◆! Da hast du mal wieder ein Schweineglück gehabt. – Tja :) Ich hab eben ein Händchen für solchen Sachen.

Schau mal, die Stiefel da. Die sind mir vor Weihnachten schon aufgefallen, aber da haben sie über 200 Euro gekostet. Jetzt sind sie auf 120 Euro ◆. – Na dann, worauf wartest du? Probier sie an, und wenn sie dir passen, nimm sie.

Ich hätte gern ein Bund Petersilie. – Gern. Fünzig Cent. Oder nehmen Sie drei? Drei sind im ◆, für einen Euro. – Das ist günstig, aber was mache ich mit drei Bund Petersilie? – Eins verwenden Sie, eins frieren Sie ein, und eins schenken Sie der Nachbarin. Also, darf ich Ihnen drei geben?

Lösungswort: Wenn man ein Sonderangebot erwischt, einen sehr günstigen Preis bekommt: Dann hat man ein ◆ gemacht!

1	2	3	4	5	6	7	8	9	10	11

Zitat-Salat

Zwei berühmte (und einander widersprechende) Zitate zum Thema Geld. Die Buchstaben in jedem Wort sind wild gemixt, die Reihenfolge der Wörter im Satz stimmt aber. Wir haben als Starthilfe die Anfangsbuchstaben großgeschrieben.

leGd

tsi tsinch.

rAbe

evil leGd,

sad sit

stawe

arendse.

(George Bernard Shaw)

leGd

skotet

uz

veli.

(Ralph Waldo Emerson)

Geld – und was man jeden Tag damit macht

In den **fett gedruckten** Wörtern sind die Buchstaben durcheinandergeraten (Beispiel: **Brettu** = Butter). Wie heißen diese Wörter richtig?

Waagrecht

2 Nein, ich gehe heute Abend nicht mit in die Kneipe, ich muss **rapsen**. – Ach? – Ja, ich will dieses Jahr richtig Urlaub machen, und das heißt, bis ich das Geld beisammen habe, muss ich eisern **rapsen**.

3 Kannst du mir 20 Euro **heilen**? – Dir, Geld **heilen**? Oooh, das weiß ich nicht, ob ich das mache ;)

6 Sie kommen morgens um sieben mit einem 100-Euro-Schein in die Bäckerei und wollen zwei Brötchen??? Darauf kann ich Ihnen nicht heraus**begen**. Nicht so früh am Morgen.

7 Jetzt bist du pleite, oder, nachdem du dein neues Notebook gekauft hast? – Ach, nein. Der Laden hat **arten**zahlung angeboten. 12 Monate, null Prozent Zinsen. – Keine Zinsen? Das ist aber ein gutes Angebot. Wo war das?

8 Entschuldigen Sie, können Sie mir 50 Euro **schwelen**? – Moment… ja, das geht. Zwei Zwanziger, ein Zehner? – Perfekt. Vielen Dank. – Kein Problem. Gerne.

10 Wir haben alles, was auf unserer Einkaufsliste stand, und der Wagen ist auch voll. Komm, wir gehen zur **skase**. – Ja, aber wir stellen uns dort drüben an, da ist die Schlange nicht so lang. – Ja, es ist wirklich voll heute hier drin. Ich bin froh, wenn ich hier raus bin.

11 Da drüben ist ein Geldautomat. – Ja, warum? – Du wolltest doch Geld **habeben**, oder? – Ach ja, richtig. Warte kurz.

12 1500 Euro? So viel wollte ich für ein Fahrrad eigentlich nicht **bausegen**. – Das ist aber wirklich ein tolles Fahrrad. – Das glaube ich Ihnen, aber ich brauche nur ein ganz normales Fahrrad, zu einem ganz normalen Preis. Haben Sie so etwas auch?

14 Das kostet nichts? Wirklich nicht? – Nein, nein, das ist **stagri**. – Dankeschön!

Senkrecht

1 Deutsch? Englisch? Denglisch? Jedenfalls, wer seine Bankgeschäfte im Internet erledigt, macht (auch in Deutschland und auf Deutsch) **lionne**-Banking.

2 Hier hast du deine 50 Euro wieder, ich war vorhin extra noch am Geldautomaten. – Aber das war doch nicht so eilig. – Nein, nein, ich habe nicht so gerne **duscheln**. – Nicht mal bei Freunden? – Erst recht nicht bei Freunden.

4 Hast du noch **kellegind**, für den Parkautomaten? – Ahhh, nein, auch nicht, nur noch 17 Cent. Kann man hier nicht mit dem Handy bezahlen?

5 Ihr müsst doch in Geld schwimmen, oder, jetzt wo ihr eine Eigentumswohnung habt und keine Miete mehr zahlt? – Haha. Jetzt müssen wir den Bankkredit **zückur**zahlen.

6 Was hast du für die Waschmaschine gezahlt? – Die hab ich **kechsteng** bekommen. – Wo bekommt man denn Waschmaschinen **kechsteng**? – Ich hab sie von meiner Tante. Die hat sich eine neue gekauft. – Ach so.

9 Ich gebe dir dann morgen Abend deine 500 Euro wieder. – Kannst du mir die bitte auf mein Konto über**siewen**? Ich hab nicht so gern so viel Geld herumliegen. – Klar, dann gib mir mal deine Kontonummer.

13 Tut mir leid, wir akzeptieren hier keine Kreditkarten. Könnten Sie bitte **rab** bezahlen?

Lösungswort: Ein Sprichwort sagt: Geld macht nicht

1	2	3	4	5	6	7	8	9

...aber es beruhigt die Nerven.

Ein Zitat von Baron Rothschild

Dies ist ein Zitat von Baron Rothschild, dem legendären Bankier. Ein Kunde von Baron Rothschild hatte an der Börse mit Aktien spekuliert und ein Vermögen verloren. Der Baron tröstete ihn mit den Worten unten.

So geht's: Im oberen Rätselgitter findet ihr alle Buchstaben, die ihr braucht. Sie stehen in der richtigen Spalte, aber nicht immer in der richtigen Zeile. Die durchgestrichenen Buchstaben sind bereits – als Starthilfe – unten eingetragen. Viel Vergnügen!

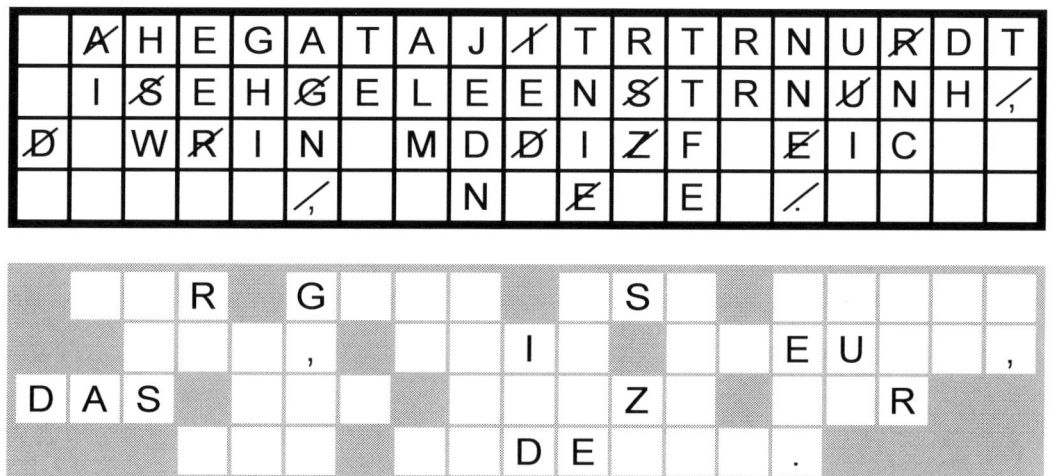

Lieblingswörter

Hier könnt ihr Wörter und Redewendungen notieren, die ihr euch merken möchtet. Alles, was ihr interessant, wichtig oder vielleicht lustig oder schwierig findet.

Ihr könnt eine Liste schreiben oder eine Mindmap malen. Oder eure eigene Methode finden.

Lösungen auf Seite 147.

LÖSUNGEN

»Essen & Trinken (Teil 1)« – Lösungen

Grünzeug

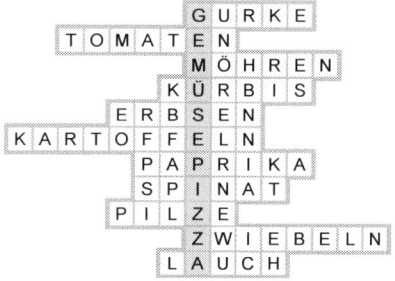

Guten Appetit!

Zum Wohl!

Das Wasser, der Wein, der Kakao, die Milch, der Apfelsaft, der Kaffee, der Tee, das Bier, die Limo(nade), die/das Cola.

Frühstück ist fertig!

Zehn wichtige Lebensmittel

Von oben nach unten: Die Milch, die Banane, der Reis, der Joghurt, das Salz, das Brot, das Fleisch, die Nudeln (Pl.), die Eier (Pl.).
Lösungswort: (die) Margarine.

Statt »Joghurt« kann man übrigens auch »Jogurt« schreiben, und man kann außer »der Joghurt« auch »das« oder sogar »die Joghurt« sagen. Hier kann man also nicht viel falsch machen.

Obst und Früchte

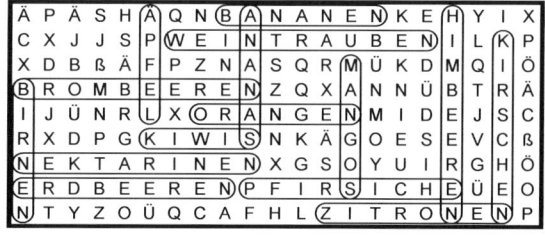

Süßes

Der Eiskaffee, die Bonbons (Pl.), die Marmelade, der Kuchen, die Torte, die Schokolade. **Lösungswort**: die Erdbeeren (Pl.).

Obst und Früchte

Quiz: Die Deutschen und ihr Essen

(1) Das stimmt nicht. Die Deutschen sind Schweinefleisch-Esser. Und wer möchte schon Sauerkraut zum Lamm? Urghh-!

(2) Das stimmt ;(

(3) Das stimmt nicht. Das beliebteste Kantinenessen ist Currywurst mit Pommes.

(4) Stimmt!

(5) Sicher; was sonst?

(6) Natürlich nicht. Nudelsoße ist eine Soße **zu** Nudeln, z. B. eine Hackfleisch- oder Tomatensoße.

(7) Nein. Käsekuchen ist ein frischer, saftiger, süßer Kuchen mit Eiern und Quark, und wir essen ihn zum Nachmittagskaffee.

(8) Das stimmt; die Männer sind fleischhungriger als die Frauen.

(9) Ihhh-! Zwiebelkuchen gibt es, aber natürlich ist er nicht süß. Es ist ein einfacher Hefeteig, eine Art Pizza mit einem Belag aus Zwiebeln, Speck und Sauerrahm – so ähnlich wie der berühmte »Flammkuchen« aus dem Elsass.

(10) Das stimmt. »Spinat und Spiegeleier« ist ein einfaches, aber beliebtes Essen ohne Fleisch. Salzkartoffeln sind Kartoffeln, die man erst schält, in Stücke schneidet und dann kocht. Kocht man die Kartoffeln mit der Schale, heißen sie Pellkartoffeln.

(11) Das stimmt nicht. Sauerkraut **kann** man selbermachen, es ist nicht sehr schwierig – aber ganz so traditionell sind die meisten Familien nicht.

(12) Das stimmt.

Lösungswort: Apfelstrudel. Man macht einen einfachen dünnen Teig, darauf kommt ein Belag aus Äpfeln, Zucker, Rosinen etc. Dann rollt man das Ganze zusammen und bäckt es im Ofen. Apfelstrudel ist eine Spezialität aus Österreich/Süddeutschland.

»In der Stadt« – Lösungen

Wortsuchrätsel »In der Stadt«

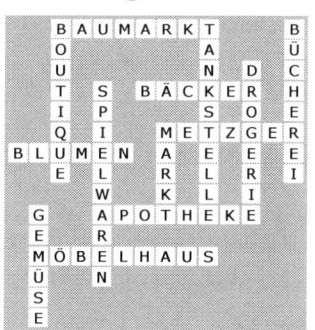

Einkaufen: im Supermarkt, im Gemüseladen, im Möbelhaus, in der Boutique, in der Bäckerei.

Etwas essen/trinken: im Café, im Restaurant, im Biergarten, im Eiscafé, in der Kneipe, an der Imbissbude.

Sport: im Fitness-Studio, im Hallenbad, im Stadion, auf dem Sportplatz.

Kunst, Kultur, Unterhaltung: im Kino, im Museum, im Theater, im Zoo.

Stadtwörter-Quiz

Die korrekten Antworten: Hauptstadt, Brücke, Dorf, Gasse, Altstadt, Kirchturm, Park, Radweg.

Rätselschnecke Sehenswürdigkeiten

Rathaus, Brunnen, Denkmal, Markt, Museum, Residenz, Zoo, Palast.

Wo kriegt man was?

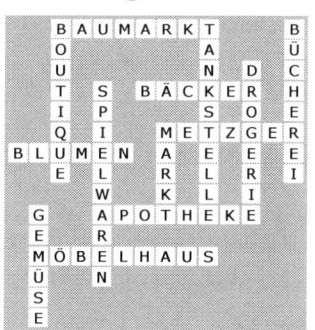

Lösungswort: Supermarkt.

Mit den »Öffentlichen« unterwegs

Umsteigen, Automat, Linie, Staßenbahn, Nachtbus, Haltestelle, pünktlich, Fahrplan, Richtung, gehen.
Lösungswort: Monatskarte.

Wohin geht man, wenn man...

Busse, Bahnen, Fahrpläne

Der Bus, der Zug, der Bahnhof, der Fahrplan, die Straßenbahn, die Haltestelle, die Verspätung, die Linie, die Abfahrtszeit, die Ankunft, die Fahrkarte, das Gleis.

Orte, Institutionen, Organisationen

Hinweis:

»Disko« ist die Abkürzung für »Diskothek«; man kann auch »Discothek« bzw. »Disco« schreiben.

In der Stadt: Wiederholung

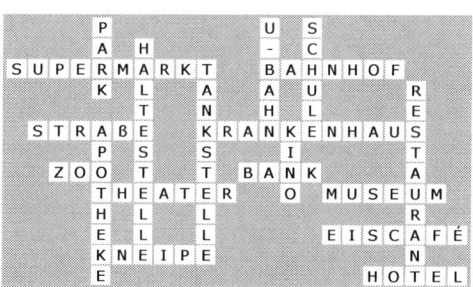

»Kleider machen Leute« – Lösungen

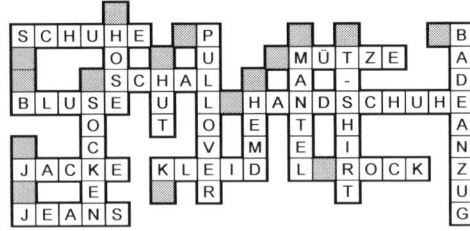

Kleider – und wie sie sein können

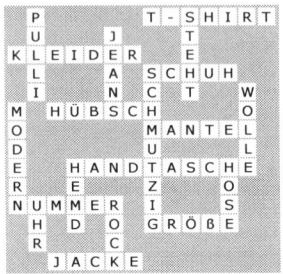

Aussuchen und anprobieren

Lösungswort: (die) Mode.

Klamotten

Lösungswort: umziehen.

Die wichtigsten Kleidungsstücke

Was man sonst noch so braucht

Von oben nach unten: Hosentasche, Unterwäsche, Wollsocken, Regenschirm, Knopfloch, Reißverschluss. Lösungswort: (der) Schlips.

Rätselschnecke

Röcke, Badehosen, Strümpfe, Hemden, Mäntel, Jeans (Sing.= Pl.), Pullis, Hüte.

Wie kann ein Kleidungsstück sein?

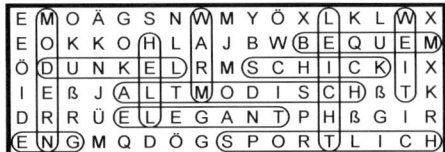

P.S.: Ein Kleidungsstück kann natürlich auch »alt« und »modisch« (= modern) sein. Wenn ihr also 13 oder 14 Wörter gefunden habt, ist das auch OK!

Ein Stück Stoff, um das es Streit gibt

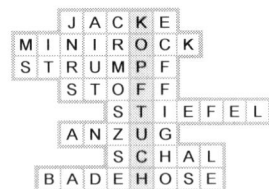

Das letzte Hemd hat keine Taschen

Redewendungen: Jacke wie Hose; das zieht einem die Schuhe aus; etwas (nicht) unter einen Hut bringen; sein Mäntelchen nach dem Wind hängen; von den Socken sein; eine weiße Weste haben; alles durch eine rosarote Brille sehen.

»Das letzte Hemd« ist das Totenhemd, und es »hat keine Taschen«: Alles Geld, allen Reichtum der Welt kann man nicht in den Tod mitnehmen.

»Wohnen« – Lösungen

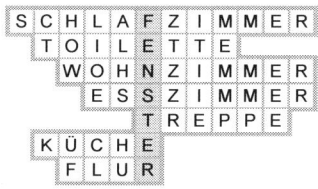

Wie gefällt euch eure neue Wohnung?

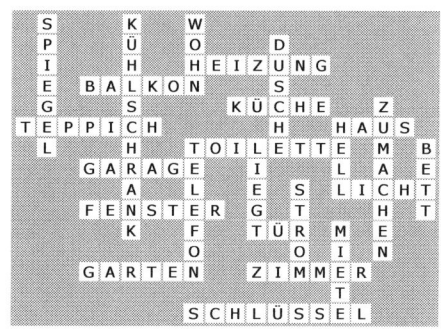

Möbel & Dinge in der Wohnung

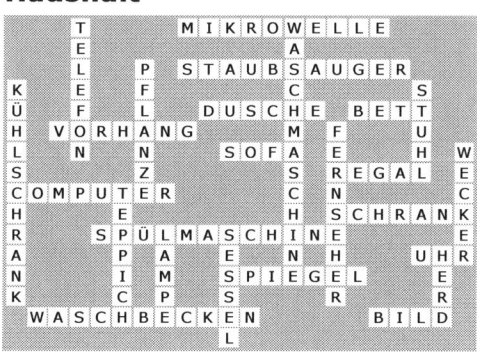

Wo wohnen diese Leute?

Von oben nach unten: Hochhaus, Altbau, Studentenwohnheim, Mietwohnung, Hotel.

Dinge in der Wohnung/Helfer im Haushalt

Dinge tun in der Wohnung

Einsetzrätsel Haus, Wohnung, wohnen, Miete...

Haushaltsgeräte

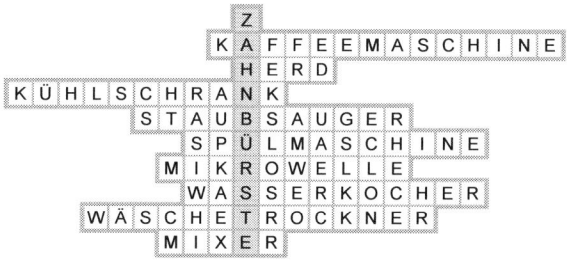

Lösungswort: Nebenkosten.

Diese Wörter passen nicht: Tal, Berg, Hand, Herz, Lamm, Karte, Milch, Müsli, Salat, Eltern, Gemüse, Spinat, Gesicht, Kartoffel, Schwester.

»Wohnen« – Lösungen (Fortsetzung)

Suchen und sortieren

```
Z Ä K K N L Ü ß F Y V L D Ö T I S C H
Y S T R O M O S C H R Ä N K E ß ß X C
E T L E L O Ü P D R A S W J U R H H Z
M Ü I V G D H Ü B S C H A Y E Q J E Ü
Ü H C A H E L L A Z J U S Ö R U H I G
E L H H E R D E L A U T S D I Q R Z V
B E T T B N N M K Ü C H E G L B I U Ö
A H V A T J U Ä Ö K G A R T E N V N I
D U N K E L N Z N F I X S A Ä ß C G F
```

»Feunde und Familie « – Lösungen

Familienmitglieder

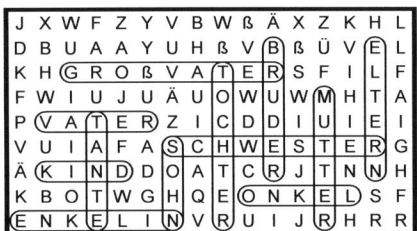

```
J X W F Z Y V B W ß Ä X Z K H L
D B U A A Y U H ß V B ß Ü V E L
K H G R O ß V A T E R S F I L F
F W I U J U Ä U O W U W M H T A
P V A T E R Z I C D D I U I E I
V U I A F A S C H W E S T E R G
Ä K I N D O A T C R J T N N H
K B O T W G H Q E O N K E L S F
E N K E L I N V R U I J R H R R
```

Der Großvater, der Vater, der Onkel, der Bruder, der
Sohn, die Schwester, die Enkelin, die Tante, die Tochter,
die Mutter, die Eltern (Pl.), das Kind.

Quiz: Familie und Verwandte

Cousins und Kusinen, Brüder und Schwestern,
jünger als ich, Schwager bzw. Schwägerin, Waisen,
Zwillingsbruder, Großeltern, Ehepaar.

»Feunde und Familie « – Lösungen (Fortsetzung)

Der weibliche Teil

Lebensphasen

(Fast) die ganze Verwandtschaft

Mehr Familienwörter

Familienereignisse

Rätselschnecke Menschen/Familie

Eltern, Kind, Mutter, Junge, Baby, Familie, Großvater, Mädchen.

Jenseits der Familie

Von oben nach unten: Kollegen, Chef, Freunde, Nachbarn, Familie, Partner, Ex-Mann, Mitschüler.
Lösungswort: Kumpel.

Familienstand

Von oben nach unten: ledig, verwitwet, geschieden.

Komplizierte Beziehungen

Lebensformen

Von oben nach unten: getrennt leben, allein leben, Schluss machen, sich verloben, sich scheiden lassen, in einer Wohngemeinschaft (»WG«) leben, zusammenziehen.

»Unterwegs – Reisen und Verkehr« – Lösungen

Wortsuchrätsel Verkehrsmittel

Der Bus, der Zug, die Fähre, das Flugzeug, das Fahrrad, das Motorrad, das Auto, das Boot, das Schiff, das Taxi.

Verkehrsmittel – und was man braucht

Bahnhof, Fahrkarte, Verspätung, Haltestelle, Fahrer, Fahrplan, Flughafen, umsteigen.

Welche Art Reise soll es denn sein?

Von oben nach unten: Radtour, Rundreise, Weltreise, Kreuzfahrt, Kurzurlaub, Städtereise, Strandurlaub, Campingurlaub, Pauschalreise, Wellness-Urlaub, Abenteuerurlaub.

Unterwegs

Übernachten: im Doppelzimmer, im Einzelzimmer, im Gasthof, im Hotel, auf dem Campingplatz, in der Ferienwohnung, in der Jugendherberge, in der Pension.

Sachen transportieren: im Koffer, im Rucksack, in der Reisetasche.

Reiseplanungen

Von oben nach unten: Buchungsbestätigung, Frühstücksbuffet, umbuchen, stornieren.

Kann man hier irgendwo übernachten?

Doppelzimmer, Gasthof, Jugendherberge, Pension, Ferienwohnung, Schlüssel, Hotel, Campingplatz, ausfüllen.

Lösungswort: im Freien schlafen.

Wie kommen wir von hier nach dort?

Lösungswort: (Führer-)schein bzw. (Fahr-)schein.

Mit dem Auto unterwegs

Sehenswürdigkeiten

Burg, Schloss, Ruine, Platz, Turm, Kirche, Kloster.
Lösungswort: besichtigen.

Taxibahnhof?

U-Bahn-Station, Flughafen, Parkhaus, Parkplatz, Garage, Busbahnhof, Hafen, Haltestelle, Taxistand.
Lösungswort: Hauptbahnhof.

»Reisen und Verkehr« – Lösungen (Fortsetzung)

Reisen und übernachten

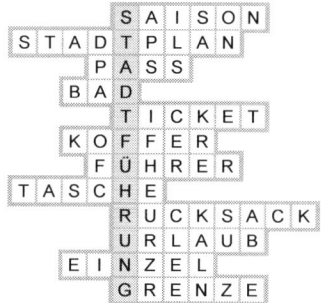

Reiseverben

Reise- und Verkehrsquiz

(1) Einen **Fahrschein** natürlich, keinen **Führerschein**. Einen Führerschein braucht man, wenn man Auto fahren will ;)

(2) Schnellzüge kosten fast immer Zuschläge, das stimmt.

(3) Platzreservierungen sind in manchen Zügen Pflicht, aber längst nicht in allen.

(4) 80 Mio. Einwohner und 44 Mio. PKW stimmt in etwa.

(5) Nein; in eine Einbahnstraße darf man nur **in eine Richtung** hineinfahren. Das gilt natürlich auch für Fahrradfahrer, nur interessiert es die in der Regel nicht.

(6) Das stimmt; seit 2010 fährt in Nürnberg die erste automatisierte U-Bahn Deutschlands, völlig ohne Fahrer.

(7) Das stimmt auch. Betrunkene Führerscheinbesitzer auf dem Fahrrad gehen ein hohes Risiko ein.

(8) Nein. Die großen Frachtschiffe heißen Tanker (für Öl) oder Containerschiffe.

(9) Nein, nein; das wäre ja noch schöner. Eine Wanderkarte ist eine Landkarte mit Wanderwegen, und der deutsche Wald kostet selbstverständlich keinen Eintritt. So weit kommt's noch ;)

(10) Nein, so reich sind wir dann doch nicht. Ein Auto auf deutschen Straßen ist im Schnitt etwa 9 Jahre alt.

(11) Leider nein ;(Es gibt immer wieder die politische Forderung, den ÖPNV (= öffentlicher Personen-Nahverkehr) freizugeben, aber das scheitert immer wieder am Geld. Wie sagt man so schön: Umsonst ist der Tod, und der kostet das Leben!

(12) Das stimmt. Die Hälfte der Deutschen fährt mit dem Auto in den Urlaub.

(13) Und Schwarzfahren kann teuer werden, auch das stimmt.

Lösungswort: Fußgängerzone. Eine Fußgängerzone gehört, wie der Name schon sagt, den Fußgängern und nicht den Autos. In den Fußgängerzonen gibt es viele Läden, Straßencafés etc.

»Essen & Trinken Teil 2 « – Lösungen

...mal wieder essen gehen!

Bei Tisch

Guten Appetit,
Prosit, Prost.

Und, wie ist das Essen?

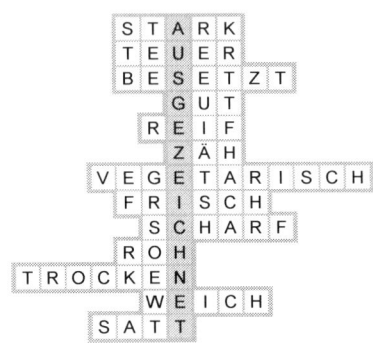

Geschirr, Besteck etc.

Lösungswort:
den Tisch **decken.**

Verben rund um's Kochen und Essen

Von oben nach unten: waschen, decken, grillen, abgießen, schälen, kochen, schneiden, einladen, halten, backen. **Lösungswort**: abtrocknen.

Süßes aller Art

Getränke

Obst und Gemüse
Lösungswort:
Petersilie.

Einsetzrätsel Essen

Nicht passende Wörter:
Arm, Rad, Bad, Mond, Rose, Sand, Wald, Jacke, Wiese, Koffer, Schuhe, Zimmer, Plastik.

»Natur, Umwelt und Wetter« – Lösungen

Bei Wind und Wetter

Wie wird das Wetter?

Lösungswort: windstill.

Haus- und Nutztiere

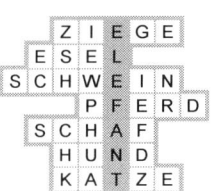

Wetterverben

Landschaften, Weltgegenden

Tier- und Pflanzenverben

Das Baumrätsel

Wurzeln, Stamm, Rinde, Äste, Zweige, Knospen, Blätter, Früchte.

Lösungswort: Urwald. Ein Urwald ist ein Wald, den die Menschen kaum oder wenig nutzen.

Die Umwelt schützen – Pro und Kontra

»Lernen« – Lösungen

Schulfächer und Noten

```
B R S S B M E (M U S I K) J W H C I M O F O
K V (R) W S R C (S A C H U N T E R R I C H T)
S (B E F R I E D I G E N)(D) X K P R M M J R
M P L N G H Ä T B Ö B S)E G B Ö Ä M G C Q
(G) I I Y W H P Ü B Q F (T) U Z K U S (E) J T S
(U) N G E N Ü G E N D)(M A T H E M A T I K) C
(T) X I U B V Ä F Ä R (A U S R E I C H E N D)
(S P O R T) Ü P J W U O H C (E N G L I S C H)
(M A (N) G E L H A F T) Ü G (H) ß Ä Z R (K) E F R
```

Die Schulfächer: Musik, Sachunterricht, Mathematik, Sport, Englisch, Kunst, Deutsch, Religion oder Ethik.

Die Notenstufen: sehr gut, gut, befriedigend, ausreichend, mangelhaft, ungenügend.

In der Schule

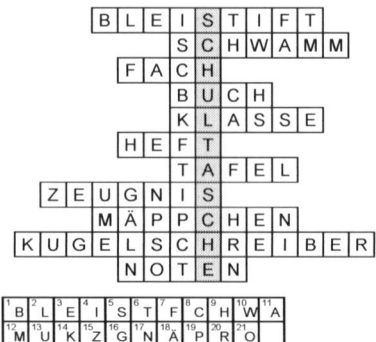

Lernen – in der Schule und ein Leben lang

```
K   L         M E R K E N         F
U   Ö               O   S T U N D E
R   S     A   E R K L Ä R E N       H
S T U D I U M     I     R           L
E   N     F   M Ü N D L I C H   P A U S E
    G     G       D   G     R   N   R
    F     A       S   E     Ü   T
    E   A B I T U R   E     F   E
    R     E   I       R     U   R
    I     M   A N M E L D E N   R   I
T E I L N E H M E R   N     G   I
N       E   T       N       N   C
      Ü B U N G E N         O   H
        N     N         T E S T
  Z E U G N I S             E
```

Lösungswort: büffeln.

Quiz: Bildung in Deutschland

(1) Das beliebteste Studienfach im Land der Dichter und Denker ist Betriebswirtschaftslehre (BWL). Bei Frauen und Männern.

(2) Das stimmt. In die ersten vier Klassen gehen alle Kinder gemeinsam, und der Schultyp heißt Grundschule.

(3) Das ist von Bundesland zu Bundesland anders, aber alle erwarten mindestens 9-10 Jahre Vollzeitschule. Danach gibt es noch eine Berufschulpflicht, meist bis zum 18. Lebensjahr oder bis zum Berufsabschluss. 14 ist also eindeutig falsch.

(4) Das stimmt. In der vierten Klasse werden die Kinder in den neuen Schultyp einsortiert. Es gibt zwar Gesamtschulen, in denen das nicht der Fall ist, aber die sind selten.

(5) Das stimmt nicht. Maschinenbau, Informatik, Elektrotechnik und Wirtschaftsinformatik gehören alle zu den zehn beliebtesten Studiengängen, aber nur bei den Männern. Der Männeranteil beträgt z. B. bei den Informatikern gut 85 % und bei den Maschinenbauern über 90 % (Daten aus dem Studienjahr 2012/2013).

(6) Das stimmt auch nicht. Es gibt Experimente, aber in aller Regel gehen Mädchen und Jungen in Deutschland gemeinsam zur Schule.

(7) Das ist richtig. Dieses System nennt sich »duale Berufsausbildung« (»dual«, weil sie zwei Teile hat, einen praktischen im Betrieb und einen theoretischen in der Berufschule).

(8) Das stimmt nicht; man kann auch über Berufsausbildung und -Praxis an die Fachhochschule oder Uni gehen. Das ist meist ein steiniger Weg, aber: Möglich ist es.

(9) Das stimmt.

(10) Und das – so seltsam es klingen mag – stimmt auch.

Lösungswort: Bundesland. Bildung ist in Deutschland Sache der einzelnen Bundesländer; die Länder machen die Gesetze. Die Regelungen (z. B. Dauer der Schulpflicht) können deshalb in Bayern anders sein als in Sachsen, in Thüringen anders als in Bremen. Undsoweiter.

»Menschen« – Lösungen

Von Kopf bis Fuß

Lösungswort: Haut (ja, die Haut ist das größte Organ, das wir Menschen haben!).

Wie geht es denn heute?

Gesundheits- und Medizinquiz

Siehe nächste Seite.

Menschen – Aussehen, Charakter

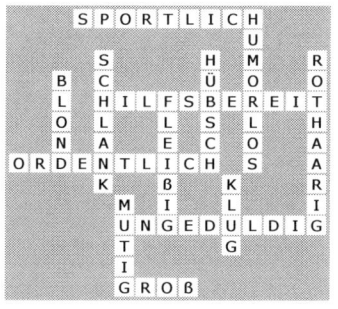

Lösungswort: Idiot.

Die Körperteile

Lösungswort: Daumen.

Körperteile im Kontext

Wortsuchrätsel innere Organe

Die Lunge, der Magen, der Darm, die Nieren (Pl.), die (Harn-)Blase, die Leber, die Galle, das Herz, das Gehirn.

Wie Menschen so sind

Lösungswort: bescheuert.

»Menschen« – Lösungen (Fortsetzung)

Gesundheitsquiz

(1) Die Zähne heißen **Weisheitszähne,** nicht Weißheitszähne (von weise = erfahren, lebensklug), und natürlich verfärben sie sich genau wie andere Zähne. Falls der Zahnarzt sie nicht sowieso zieht – die Weisheitszähne machen relativ oft Probleme.

(2) Das stimmt.

(3) Das stimmt auch. Warum? Das weiß keiner.

(4) Auch das stimmt. Es kommt nicht oft vor, dass Rippen beim Husten brechen, aber es passiert.

(5) Das ist Unfug. Kaugummis im Magen kleben nicht und blockieren auch nichts.

(6) Das stimmt. Interessanter (und komplizierter) ist allerdings, warum Giraffen nicht jedes Mal ohnmächtig werden, wenn sie den Kopf senken und wieder heben!

(7) Nein, genau das Gegenteil ist der Fall. Je größer das Tier, desto **langsamer** schlägt sein Herz. Elefanten haben eine Herzfrequenz von 25-30, Ratten von 350 und Mäuse bis zu 600. Das Herz eines Blauwals schlägt pro Minute nur sechs Mal.

(8) Fast. Zuviel Alkohol verursacht einen **Kater**; **Muskelkater** bekommt man, wenn man ohne Training zu viel Sport macht. Der Muskel schmerzt dann ein paar Tage.

(9) So schlimm ist es nicht. Deutsche Arbeitnehmer fehlen im Schnitt 17 Tage pro Jahr wegen Krankheit.

(10) Das kann natürlich nicht sein. Das würde bedeuten, dass auf einen Arzt nur 25 Patienten kommen. Wir haben in Deutschland knapp vier Ärzte pro 1.000 Patienten. Allerdings stimmt es, dass es auf dem Land viel weniger Ärzte gibt als in der Stadt.

(11) Das stimmt. Gift ist eine Frage der Dosis; etwa drei Gramm Salz pro Kilo Körpergewicht können einen Menschen umbringen. Aber ein Erwachsener müsste dafür etwa zehn Esslöffel Salz innerhalb von 24 Stunden essen.

(12) Das stimmt.

(13) Das stimmt nicht. Es sind die Schweden, die im Schnitt nur drei Mal pro Jahr zum Arzt gehen. Die Deutschen gehen durchschnittlich 17 Mal hin – unter anderem wegen Rückenschmerzen, grippalen Infekten und Bronchitis.

Lösungswort: Fensterputzer ist der gefährlichste Beruf der Welt – das sagt zumindest die britische Versicherungsgesellschaft Churchill. Allerdings kann das in anderen Ländern und zu manchen Zeiten natürlich ganz anders sein – so leben z. B. Polizisten in Mexiko und LKW-Fahrer in Afrika äußerst gefährlich, aber die Firma versichert wahrscheinlich weder mexikanische Polizisten noch afrikanische LKW-Fahrer.

»Zählen, messen, wiegen« – Lösungen

Zeiträume

Zeit, Gewicht und Länge

Wie viel, wie hoch, wie schnell, wie oft?

Tube, Dose, Schachtel

Tages- und Jahreszeiten, Monate etc.

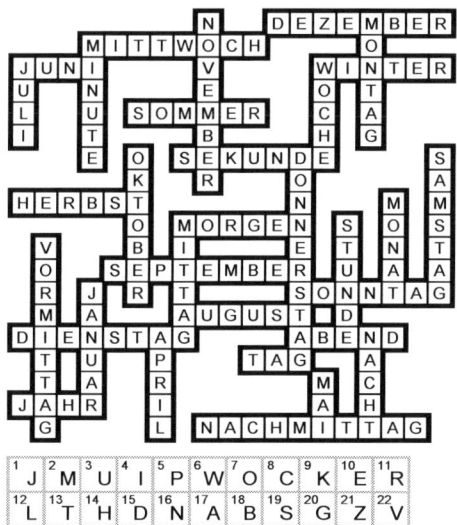

Was kann man sagen?

Eine Kanne Kaffee, eine Tasse Kaffee, eine Packung Kaffee (Kaffeepulver); ein Liter Milch; ein Teller Suppe, ein Topf Suppe; ein Pfund Kartoffeln, ein Sack Kartoffeln, ein Zentner Kartoffeln; ein Stück Kuchen; eine Tüte Bonbons.

Wann?

Lösungswort: Alle Tage sind gleich lang, aber unterschiedlich **breit**.

Wie viele?

Von oben nach unten: Das Glas der Optimisten ist **halb** voll, 30 % sind knapp **ein Drittel**, 50 % sind **genau** die Hälfte, ich brauche noch **mindestens** zwei Stunden, es kommen **ungefähr** 20 Leute, ich hätte meinen Zahnarzttermin **beinahe** vergessen, 25 % sind **ein Viertel**, acht sind **doppelt** so viele wie vier, wir haben noch **jede Menge** Kaffee, das Fahrrad darf **höchstens** 700 Euro kosten, **ein paar** Äpfel, Tage oder Nudeln (aber: ein **Paar** Socken = genau zwei).

»Kommunikation und Internet« – Lösungen

Sprachen der Erde

Miteinander reden

Von oben nach unten: fragen, bedanken, bitten, übersetzen, antworten, entschuldigen, wiederholen, erzählen, vorstellen, zuhören.
Lösungswort: schweigen.

Mehr als reden, sagen, sprechen

Schreiben und lesen

Eine E-Mail, eine Karte, eine SMS; ein Buch, ein Fax; einen Artikel, einen Brief. »Blog« kann maskulin oder neutrum sein. Wörter aus anderen Sprachen brauchen manchmal ein Weilchen, bis sie ihre endgültige Form finden ;)

In Kontakt sein

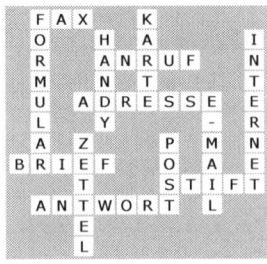

Lösungswort: online.

E-Mail-Flut

Von oben nach unten: beantworten, weiterleiten, löschen, anhängen, ein cc machen, ausdrucken.
Lösungswort: (der) Anhang.

Unsere elektronischen Geräte

Der E-Book-Reader, das Notebook, das Tablet, das Handy, das Smartphone.

Deutsch, Denglisch

Am Telefon

»Arbeit und Beruf« – Lösungen

Was die Leute über ihre Arbeit sagen

Berufe und Tätigkeiten

Was passt nicht?

Kündigung, Abteilung, Studium, Schreibtisch, Elektrikerin. **Lösungswort**: Kasse.

Wer arbeitet wo?

Restaurant/Kneipe: Bedienung, Koch;

Draußen: Gärtner, Dachdecker, Bauarbeiter, Bauer;

Büro/Schreibtisch: Mediengestalter, Sekretär, Bürokraft, Übersetzer;

Laden/Geschäft: Friseur, Verkäufer, Kassierer;

Werkstatt/Fabrik: Schreiner, Schlosser, Autoelektriker;

Viel mit Menschen: Psychotherapeut, Erzieher, Krankenpfleger.

Berufe: Wunsch und Wirklichkeit

Liste der Wunschberufe: Anwalt, Architekt, Arzt, Ingenieur, Journalist, Lehrer, Manager/Unternehmer, Naturwissenschaftler, Psychologe, Schauspieler/Künstler/Model.

Dies sind Berufe mit hohem Sozialprestige, meist akademische Berufe. Die restlichen zehn Berufe sind die Ausbildungsberufe, die die Jugendlichen tatsächlich wählen.

Arbeiten

Teilzeit, Feiertag, Gehalt, Bewerbung, Kündigung, arbeitslos.

Sieben Gründe, nicht zu arbeiten

Reihenfolge: Krankheit, Feiertag, Wochenende, Ferien; Urlaub, Sonntag, Rente. **Lösungswort**: keine Lust.

Über die Arbeit sprechen

»Arbeit und Beruf« – Lösungen (Fortsetzung)

Wege in den Beruf

Ausbildung, Studium, Praktikum, Quereinsteiger.

Arbeitnehmer/in sein

Auf der Gehaltsabrechnung, Sitzungen und Besprechungen, Überstunden, Kündigungsfrist steht im Arbeitsvertrag, Mitgliedsausweis der Gewerkschaft, das sagt man einfach so (»feiern« = frei haben).

Wer macht was – Abteilungen

Von oben nach unten: Marketing, Geschäftsleitung, Personalabteilung, Buchhaltung, Produktion, Einkauf, EDV bzw. IT, Versand, Kundenservice.

Handwerksberufe aus dem Mittelalter

Von oben nach unten: Müller/Möller, Krämer, Töpfer, Schneider, Krüger (das Wort kommt von »Krug«), Weber, Pfeifer, Schmied/Schmidt/Schmid/Schmitz (der Beruf heißt »Schmied«, der Familienname heißt meist Schmidt oder Schmitz, manchmal auch Schmitt, Schmid etc.), Schreiner, Schubert/Schu(h)mann/Schuster. **Lösungswort**: Zahnreißer.

Wichtige Berufe

Arbeitswörter lernen/wiederholen

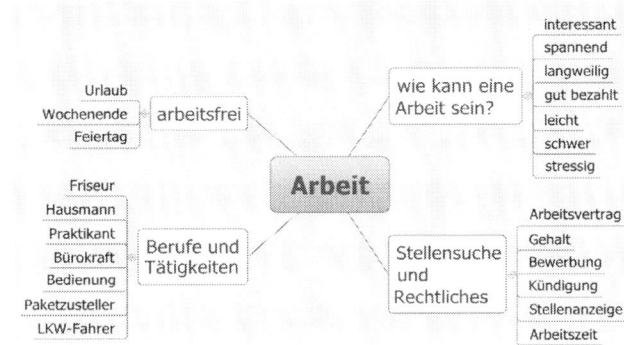

»Geld« – Lösungen

Geld – und was man damit macht

Nur bei uns, nur heute – greifen Sie zu!

Von oben nach unten:

Ausverkauft, nichts, Aktion, Ermäßigung, Preise, gespart, geschenkt, heruntergesetzt, Angebot.

Lösungswort: Schnäppchen.

Lösungswort: Geld macht nicht **glücklich**, aber es beruhigt die Nerven.

Zitat-Salat

Geld ist nichts. Aber viel Geld, das ist etwas anderes (Shaw); Geld kostet zu viel (Emerson).

Ein Zitat von Baron Rothschild

Baron Rothschild sagte: »Ihr Geld ist nicht weg, mein Freund; das hat jetzt nur ein anderer.«

Das Buch als PDF

Das komplette Rätselbuch gibt es auch als PDF-Download in unserem Rätselshop. So können Sie die Rätsel aus dem Buch immer wieder bequem selbst ausdrucken, z. B. für den Unterricht.

Als Käuferin oder Käufer dieses Buches könenn Sie die PDFs zum symbolischen Preis von 1,- Euro herunterladen. Geben Sie beim Kauf einfach den Rabattcode unten ein.

Unseren Lernrätsel-Shop finden Sie unter

www.land-der-woerter-shop.de

Ihr Rabattcode für dieses Buch:

W4XUPWGW

Printed in Great Britain
by Amazon

36171282R00090